CENTENAIRE DE 1789

ASSEMBLÉE PROVINCIALE

DU BERRY

TENUE A BOURGES LES 10, 11 ET 12 MAI 1889

COMPTE-RENDU — VŒUX — RAPPORTS

BOURGES

IMPRIMERIE TARDY-PIGELET

15, RUE JOYEUSE, 15

1889

ASSEMBLÉE PROVINCIALE DU BERRY

CENTENAIRE DE 1789

ASSEMBLÉE PROVINCIALE

DU BERRY

TENUE A BOURGES LES 10, 11 ET 12 MAI 1889

COMPTE-RENDU — VŒUX — RAPPORTS

BOURGES

IMPRIMERIE TARDY-PIGELET

15, RUE JOYEUSE, 15

1889

CENTENAIRE DE 1789

BERRY

VŒUX DE L'ASSEMBLÉE PROVINCIALE DES 10, 11 ET 12 MAI 1889

INTRODUCTION

Les institutions auxquelles la France a dû dans le passé sa grandeur et sa gloire n'étaient pas exemptes d'abus.

De nombreuses réformes étaient incontestablement nécessaires en 1789 et la nation, consultée par son roi, suivant l'ancienne tradition trop longtemps oubliée, en avait justement déterminé la nature et l'étendue dans des cahiers librement dressés.

Mais les vœux de la France ne furent pas respectés.

Les sophismes des lettrés et la corruption des grands avaient préparé les voies à la violence et aux bouleversements. La prétendue réforme, qui avait avorté au XVIᵉ siècle, eut sa revanche qui prit le nom nouveau de Révolution.

Cent ans écoulés permettent de juger par ses fruits cet arbre de fausse science si souvent arrosé avec du sang.

La religion est persécutée ;

Les libertés civiles les plus nécessaires ne sont pas garanties ;

Les droits les plus imprescriptibles du père de famille sont violés :

Une centralisation et une bureaucratie excessives, inconnues aux peuples prospères, affranchissent de leurs devoirs sociaux, en les paralysant, les hommes à qui leurs traditions de famille ou leur situation sociale commanderaient de se dévouer au bien public ;

Les intérêts matériels sont lésés, les finances dilapidées et ruinées ;

La justice, toujours onéreuse, a perdu récemment le prestige que lui donnait une inamovibilité incontestée ;

L'individualisme et la concurrence illimitée ont produit des conséquences désastreuses : l'agriculture, l'industrie et le commerce font entendre des plaintes égales ; l'ouvrier, victime inconsciênte de la Révolution, toujours trompé par de fallacieuses promesses, se leurre, dans l'isolement et l'abandon où le laissent les institutions actuelles, de l'espoir de réaliser par de nouveaux et injustes bouleversements, la chimère d'une égalité absolue ;

L'étranger croit la France à la veille de sa ruine ;

Le découragement envahit les âmes.

L'apothéose de la Révolution, cause de tant de ruines et de déceptions, n'a pas moins été inconsidérement ou audacieusement tentée.

Ainsi provoqués par leurs oppresseurs, qui voient en eux des ennemis, les chrétiens ont de toutes parts répondu en rédigeant, dans des assemblées provinciales, après une large enquête, de nouveaux cahiers de doléances et de vœux qui expriment les souffrances de tous, non moins nombreuses, non moins cruelles qu'en 1789.

L'assemblée du Berry a discuté et arrêté ses cahiers les 10, 11 et 12 mai.

Après en avoir distribué seize mille exemplaires imprimés dans le format des journaux qui ont bien voulu les insérer en supplément [1], nous les publions en brochure avec les rapports justificatifs et un compte-rendu.

Un grand nombre des vœux qu'ils comprennent s'imposent par le caractère de l'évidence absolue. D'autres, principalement ceux qui concernent les besoins nouveaux de la société moderne, seront sans doute discutés dans le public.

Nous espérons fermement que la discussion sera féconde et qu'en fournissant pour quelques vœux des formules plus complètes ou plus précises, elle n'infirmera pas les autres.

Les travaux de l'école de Le Play, « ce précurseur qui a poussé jusqu'au génie le talent de l'observation », les encycliques des papes, les désillusions et les aveux des révolutionnaires, les œu-

---

[1] Nous devons beaucoup de remercîments aux journaux conservateurs du Cher et de l'Indre, qui ont mis un grand empressement à seconder nos efforts.

vres de dévouement chrétien qui croissent sans cesse malgré les obstacles, avaient déjà ouvert bien des yeux.

La tentative avortée d'apothéose de la Révolution achèvera d'éclairer les esprits. Bientôt, du 24 au 27 juin, se réunira à Paris l'Assemblée générale des délégués désignés par les assemblées provinciales. Les vœux de chacune d'elles y seront de nouveau discutés, et il sortira de ses délibérations un programme commun qui, en permettant aux gens de bien de concentrer leurs efforts vers le même but, assurera à ceux-ci l'efficacité qu'ils n'ont pas eue jusqu'ici.

Dieu aidant, la France se relèvera et reprendra son rang dans le monde.

Sursum corda. Haut les cœurs.

Bourges, le 31 mai 1889.

Pour le Comité d'organisation,

Le Président,

DE LAFONT.

COMPTE-RENDU DES TRAVAUX DE L'ASSEMBLÉE

Dans la lutte entre le bien et le mal qui constitue la trame même de l'histoire de l'humanité, beaucoup à l'heure actuelle ont pris nettement position. Un plus grand nombre restent indécis et flottants, se laissant guider par des sympathies non raisonnées pour ou contre les idées de la Révolution.

S'il était malaisé d'asseoir un jugement sur ces idées au moment où elles passèrent dans la pratique, il y a cent ans, l'examen est devenu beaucoup plus facile aujourd'hui avec l'expérience des résultats produits.

Il faut cependant examiner les choses froidement, de près et sans parti pris, afin de rallier s'il est possible, la grande masse des irrésolus.

Cet examen, beaucoup de gens répugnent même à le tenter.

Il semble que la Révolution depuis qu'elle a mis la main sur le grand arbre de couche de la machine sociale, lui a imprimé un mouvement tel, qu'on n'ose regarder ni en avant ni en arrière. Produire et consommer ou jouir le plus possible, sans préoccupation du lendemain, est suffisant paraît-il. Des gens qui se croient pratiques traitent de rêveurs ceux qui, prévoyant un avenir néfaste, cherchent péniblement la direction dans laquelle il convient d'orienter la voile.

Nous avons pensé au contraire que c'était faire œuvre éminenment pratique à notre époque de plaintes universelles, que de nous livrer à une enquête approfondie sur les causes du malaise général, et d'en déduire logiquement des règles de conduite.

Dans cet ordre d'idées, des questionnaires variés ont été dressés.

La prospérité ou la décadence d'une nation sont en rapport avec sa situation au point de vue de la religion, des mœurs, de l'instruction, de l'assistance publique, des pouvoirs publics, de l'armée, de la justice, des finances, de l'industrie, des arts et métiers, du commerce et de l'agriculture. Des questionnaires relatifs à chacune de ces douze sections furent envoyés en grand

nombre dans la province, aux hommes et aux groupes qui parais-
saient le plus aptes à y répondre en connaissance de cause, à
chacun dans sa sphère et suivant ses aptitudes.

I

Dès la fin de 1888, une commission s'organisa sous la présidence de M. de Lafont, ancien ingénieur en chef des Ponts et
Chaussées, qui voulut bien assumer la difficile tâche de sa
direction. Il s'agissait de réunir les correspondances, de relier et
coordonner les dépositions de l'enquête et d'en tirer des conclusions sous forme de vœux. Pour aider le comité de Bourges dans
cette tâche délicate, deux autres comités se formèrent l'un à
Saint-Amand, l'autre à Châteauroux.

M. Urbain Guérin, notre éminent compatriote, orateur et écri-
vain de talent, qui avait déjà pris une part importante aux
assemblées de Romans, de Montpellier et de Poitiers, vint exposer à Bourges, puis à Châteauroux, la nature et le but de l'assemblée
projetée. La conférence de Bourges eut lieu le 7 avril.

Après avoir analysé les principaux caractères de la Révolution,
l'orateur passa en revue les causes des grandes souffrances
actuelles : la conception individualiste de la société qui n'assure
plus la représentation des intérêts ; la prédominance des politi-
ciens ; la nécessité de la liberté communale et de l'autonomie
provinciale ; la déplorable situation de l'enseignement ; enfin la
non moins déplorable situation de l'industrie et de l'agriculture
en face d'un régime de crédit qui permet l'agiotage, l'accaparement et la domination funeste des hauts barons de la finance.

Il conclut en disant qu'il fallait se placer résolument en face
des nécessités de la société moderne et que le devoir des gens de
bien était de prendre en main les réformes qui replaceraient la
France à la tête des nations.

Ce brillant discours fut très applaudi par le nombreux auditoire
devant lequel il était prononcé. Outre un grand nombre des nota-
bilités de Bourges, on remarquait dans l'assistance MM. Marchain
et du Vernay, venus de Châteauroux, M. le marquis de Mortemart et Brière de la Cour, du comité de Saint-Amand.

Trois semaines plus tard dans une assemblée primaire organisée par les soins du sous-comité de Châteauroux sous la présidence de M. L. Marchain, le sympathique président du syndicat
des agriculteurs de l'Indre, M. U. Guérin faisait une seconde conférence devant un auditoire de plus de 800 personnes. Aux
premiers rangs se groupaient MM. Le vicomte de Bonneval et
Paul Dufour, députés, Charles Balsan, président du tribunal de
commerce, et l'un des plus grands industriels de France, Raoul
Charlemagne, ancien député, Baucheron de Lécherolle, A. Desgardes, G. Jouslin, conseillers généraux etc., etc.

M. Marchain ouvrit la séance par une allocution dans laquelle
ôtant toute signification politique à la réunion, il insista sur son
but éminemment social. Après avoir présenté M. Guérin comme un
disciple convaincu de l'illustre Le Play, il rappela qu'à ce petit-
fils de Chauveau-Lagarde, le courageux défenseur de Marie-
Antoinette, il appartenait mieux qu'à tout autre de flétrir les
crimes d'une époque néfaste et de préparer les voies à l'Assemblée
provinciale du Berry.

M. U. Guérin esquissa à grands traits l'histoire de la Révolution
depuis ses débuts. Il montra qu'au lieu d'une réforme à laquelle
la France bornait ses vœux, les disciples de Rousseau prenant la
tête du mouvement aboutirent à déterminer une vraie révolution
en affirmant la perfection originelle de l'homme et autres erreurs
funestes.

A la suite de cette conférence, MM. Marchain, de Verneuil[1],
Edmond Charlemagne, A. Desgardes, Ch. Balsan, P. Grenouillet
donnèrent connaissance à l'Assemblée des divers rapports concernant les branches spéciales dont ils s'étaient chargés. Ces rapports et les projets de vœux, soulignés par les applaudissements
de l'auditoire attestaient le soin et la compétence avec lesquels ils
avaient été étudiés. Il fut particulièrement intéressant de voir les
nombreux ouvriers présents, applaudir les conclusions de M. Balsan, d'une si haute autorité dans la matière, au sujet de l'industrie.

A la fin de la séance, vingt-six délégués : MM. d'Astier de La Vige-
rie, Ch. Balsan, A. de Baranowki, Baudet-Desperrins, A. Borget,
C. Boutet, le baron de Brugières, E. Charlemagne, F. Chertier,
A. Desgardes, conseiller général, E. Desjobert, G. de La Faire,

---

[1] Il donna lecture d'un remarquable rapport sur l'instruction dû à la plume
de l'infatigable M. Fayet, ancien inspecteur d'académie.

Germain, P. Grenouillet, A. Huard de Verneuil, G. Jouslin, conseiller général, S. Jouslin, Magnard du Vernay, L. Marchain, V. Masquelier, docteur Patrigeon, J. Perrot-Grillon, vicomte L. de Poix, Rouède, R. de La Selle, marquis E. de Villaines, furent désignés pour représenter le département dans l'assemblée générale de Bourges et prendre part à la rédaction définitive des vœux.

II

L'Assemblée provinciale s'ouvrit à Bourges le vendredi 10 mai par la messe du Saint-Esprit. M. l'Archiprêtre de la cathédrale voulut bien adresser à la foule empressée, accourue pour solliciter les lumières divines, une allocution pleine d'à-propos, développant cette pensée, que l'homme ne réussit à rien sans le secours de Dieu : *Nisi Dominus ædificaverit domum in vanum laboraverunt qui ædificant eam.* M. l'Archiprêtre, rappelant ensuite les enseignements donnés par S. S. Léon XIII dans ses *Encycliques*, fait ressortir la nécessité de chercher la lumière dans les enseignements de l'Église pour l'intelligence et la solution des questions sociales qu'elle seule peut donner.

Un avant projet de vœux, élaboré par les soins du Comité préparatoire, et en conformité avec les premiers résultats de l'enquête, avait été largement répandu afin de provoquer les observations et de servir de base à la discussion.

Des lettres d'invitation signées par deux cents personnes environ des plus recommandables de la province appartenant à toutes les classes, furent envoyées en grand nombre.

Enfin rue de Dun 36, au Patronage, des salles ont été préparées en vue des travaux de l'Assemblée.

Toutes ces mesures préliminaires ont été prises par les soins de M. de Lafont et de ses collaborateurs, parmi lesquels il convient de nommer M. Monjoin, secrétaire du Comité, qui a montré un dévouement inappréciable.

Les travaux de l'Assemblée seront divisés en deux parties.

1° Travaux de commission avec discussion et rédaction définitive des vœux dans chacune des douze sections.

2° Discours, rapports et lectures dans deux assemblées générales qui auront lieu le 11 et le 12.

Première Commission

RELIGION, FAMILLE ET MŒURS

La première Commission doit s'occuper de la religion, de la famille et des mœurs. Elle se réunit le 10, à 2 heures sous la présidence de M. de Lafont ; rapporteur M. C. de Boismarmin.

L'assemblée compte une centaine de personnes. Plusieurs ecclésiastiques de distinction s'y trouvent. Les délégués de l'Indre sont présents avec nombre de personnes notables accourues de tous les points du département. On y voit de grands propriétaires, d'anciens fonctionnaires, d'anciens magistrats, d'anciens officiers, de grands industriels, des négociants, etc.

Il s'agit de discuter les projets de vœux qui sont proposés par les Commissions de Bourges, Saint-Amand et Châteauroux, et d'en arrêter le texte définitif. Chaque vœu successivement passe au crible, provoque des explications, et finalement est adopté à l'unanimité ou à de très fortes majorités. On conçoit que sur des questions aussi complexes que la répression de la séduction, le régime successoral, etc., il soit difficile d'entrer dans des détails d'application ; aussi nos vœux sont-ils nécessairement conçus sous une forme générale qui indique simplement la tendance. Nous ne voulons point empiéter sur le terrain du législateur.

Quelques personnes demandent, à l'occasion du premier vœu, que la religion catholique soit déclarée religion d'État ; mais en présence de l'intention nettement manifestée par les membres du Comité d'organisation et la plupart des personnes présentes, de ne pas s'écarter des termes du Concordat qui doit servir de base à tous les vœux exprimés touchant la religion, cette proposition est abandonnée.

Une discussion s'engage à l'occasion du duel ; tous sont d'avis de le proscrire. Plusieurs propositions sont faites pour en assurer la répression ; on revient au texte primitif qui est adopté.

INSTRUCTION

M. Monjoin, ancien professeur à l'école normale, présente ensuite un rapport sur les vœux de l'Enseignement. Plusieurs travaux importants nous sont parvenus à ce sujet, et en particulier ceux de M. Fayet, ancien inspecteur d'académie, du Comité de Châteauroux, et de M. Momiron, de Saint-Amand.

Le mal vient particulièrement de la prétention de l'État de façonner les esprits à sa guise par l'Université, au mépris des droits sacrés des pères de famille et au risque de compromettre nos finances. Les protestations les plus énergiques s'élèvent de toutes parts. Aussi est-ce là un des points sur lesquels nous nous montrons le plus novateurs, en réclamant l'abolition du monopole de l'État, la création d'universités provinciales, et la suppression des lois scolaires qui empêchent l'enseignement religieux dans les écoles.

Après une sérieuse discussion, le texte primitif est remanié et deux des vœux de l'avant-projet sont supprimés.

Deuxième Commission

ARTS ET MÉTIERS, COMMERCE

Le même soir à 8 heures, réunion de la Commission des Arts et métiers et du Commerce, sous la présidence de M. Octave Roger, ancien magistrat.

Un rapport de M. Pigelet [1] que l'on trouvera aux annexes, indique très bien la cause des souffrances et les moyens d'y remédier. Un grand nombre de patrons et de commerçants de Bourges et autres personnes notables de la ville et du département prennent part à la discussion qui est des plus intéressantes, en raison de la compétence spéciale des interlocuteurs.

L'individualisme dans lequel nous vivons, créé une situation intolérable ; l'idée corporative fait des progrès. Il ne faut pas toutefois porter atteinte à la liberté du travail que le premier vœu prend soin de définir. En demandant pour les syndicats mixtes la personnalité civile et le droit de s'administrer à leur guise, c'est une liberté et non un privilège que nous réclamons.

La puissance de l'association, est révélée par l'action du syndicat de l'ameublement récemment fondé à Bourges pour la protection du commerce local. C'est la même pensée qui a dicté les deux derniers vœux de la section du Commerce, dont l'un, le sixième, a été ajouté à l'avant-projet.

Après une séance de 3 heures, tous les vœux sont adoptés.

[1] Voir le rapport aux pièces annexes, p. 77.

Troisième Commission

POUVOIRS PUBLICS

Les travaux recommencent le samedi 11 par la commission des Pouvoirs publics sous la présidence de M. le Vte de Laugardière, ancien conseiller à la cour de Bourges.

M. Edmond Charlemagne, qui lui aussi a laissé dans la magistrature les plus honorables souvenirs, donne lecture d'une étude des plus remarquables sur l'organisation des pouvoirs publics. Ce travail qui contient un plan complet de constitution et entre dans les détails les plus circonstanciés sur l'organisation administrative et judiciaire dépasse le cadre de notre programme. Nous devons, en effet, nous borner à indiquer les tendances et à formuler des idées générales sans entrer dans les détails d'application. On n'en écoute pas moins l'éminent orateur avec le plus grand plaisir.

Le régime parlementaire dont chacun peut constater les abus est l'objet d'une vive discussion. La formule du gouvernement représentatif, si bien défini par le rapporteur, rallie tous les suffrages.

FINANCES

Nous passons ensuite à la discussion des vœux sur les finances. Le rapporteur, M. A. Desgardes, conseiller général de l'Indre, est très bref. Il constate la situation si déplorable qui en 11 ans, de 1877 à 1888, a augmenté la dette publique de 14 milliards. Il demande qu'on dresse et qu'on publie un état aussi exact que possible de la situation financière présente. Le principe du consentement préalable aux dépenses par ceux qui paient les impôts, exige l'adjonction des plus imposés dans les conseils municipaux. Le neuvième vœu, relatif à la constitution de dotations spéciales pour certains services généraux attire surtout l'attention. Ces vœux, des plus importants, sont votés après une discussion sérieuse et la fusion des diverses rédactions proposées par les comités de Bourges, Châteauroux, Saint-Amand.

ARMÉE

M. de Pomyers, ancien officier de cavalerie, nous apporte le rapport sur l'armée[1].

· Les vœux ont été soigneusement étudiés par un groupe nombreux d'hommes spéciaux. Le rapporteur n'a pas de peine à démontrer combien il est fâcheux de voir le commandement de l'armée soumis aux fluctuations de la politique, et la nécessité de former une armée de *métier*.

Nous avons demandé dans la section des mœurs la répression du *duel*. Il est logique de réclamer contre l'abus auquel se livre l'autorité militaire en exigeant parfois le duel entre soldats; mais nous ne voulons pas analyser ce remarquable travail que nous publions plus loin ; il suffit de constater l'excellent accueil fait par l'assemblée à tous les vœux après une courte discussion.

JUSTICE

Nous passons ensuite à la justice. Dans son rapport, M. Octave Roger nous montre Louis XVI commençant les réformes judiciaires que nous apprécions de nos jours[2]. L'organisation actuelle doit être conservée en principe, elle a seulement besoin d'être améliorée. De même que nos ancêtres en 1789, nous avons à demander la simplification de la procédure et la diminution des frais.

· A 6 h. 1/2 seulement, fin de cette laborieuse séance par l'adoption des vœux relatifs à la justice.

Quatrième Commission

AGRICULTURE

Le même jour la Commission de l'Agriculture se réunit sous la présidence de M. Rousseau, conseiller général du Cher et président du Syndicat des agriculteurs de ce département. Très nombreuse assistance où figurent plusieurs gros fermiers.

[1] Voir p. 65.
[2] Voir p. 70.

M. Marchain a bien voulu se charger du rapport qu'il a rédigé
avec son talent habituel. On regrette qu'il soit si laconique [1].

Nous ne réclamons, pour l'agriculture en détresse, que le régime
de l'égalité devant l'impôt et pour y réussir, nous voulons que les
intérêts de l'agriculture soient représentés sérieusement devant
les pouvoirs publics.

Tous les vœux sont votés après une discussion des plus intéressantes que nous regrettons vraiment ne pouvoir reproduire.

PREMIÈRE RÉUNION GÉNÉRALE

A 8 heures, réunion générale dans la grande salle du Patronage
Saint-François, sous la présidence de M. le comte de Bourbon-
Lignières, qui veut bien nous apporter son précieux concours. Il
a pris, du reste, une part importante aux travaux des commissions.

La salle est ornée avec goût de guirlandes; de draperies et de
drapeaux, encadrant les écussons du Berry et des principales
villes de la province, dus à l'habile pinceau d'organisateurs
dévoués ; l'enceinte ne tarde pas à prendre l'aspect le plus animé.
Des hommes de toute classe et de toute condition la remplissent,
une quarantaine de dames sont groupées dans l'auditoire.

M. le comte de Bourbon ouvre la séance en remerciant l'assistance d'être venue aussi nombreuse, et donne la parole à M. le
vicomte Charles de Laugardière. Cet érudit si compétent sur
toutes les questions d'histoire locale, nous transporte en 1789 et
nous expose, avec lucidité, les doléances et vœux de nos ancêtres
à cette époque. Ces documents sont trop peu connus ; aussi le
remarquable travail de M. de Laugardière est-il écouté avec la
plus vive attention et chaudement applaudi dans les ingénieux
rapprochements qu'il sait trouver avec l'époque actuelle. (Voir
pièces annexes.)

A 9 h. 1/2, paraît à la tribune M. le baron d'Allemagne. Le président présente à l'assistance cet ancien officier de notre armée.
Depuis qu'il a quitté le service, il s'est révélé en lui un talent
d'orateur de premier ordre et ce chrétien convaincu ne craint pas

[1] Voir p. 87.

de voyager partout où la bonne cause réclame son éloquence mâle et vigoureuse.

Il nous dépeint admirablement la situation de la France en 1789 et la beauté du mouvement réformateur à la tête duquel le roi, le clergé et la noblesse se plaçaient. L'auditoire tressaille sous les accents émus de l'orateur, quand il salue, dans la personne de l'infortuné Louis XVI, cet initiateur honnête et loyal, comme disait Tocqueville, l'un des plus grands réformateurs qui aient existé.

Pendant plus d'une heure M. d'Allemagne nous retient sous le charme de sa parole puissante et convaincue. Des applaudissements multiples éclatant surtout à la fin, donnent la mesure de l'effet qu'il produit.

L'heure, trop avancée, ne permet plus de suivre intégralement le programme et le rapporteur des vœux sur la religion, les mœurs et l'instruction doit se borner à la lecture de ces vœux qui sont ratifiés par l'assemblée [1].

Cinquième Commission

INDUSTRIE

Dimanche 12, à 8 heures du matin, réunion de la Commission pour les vœux de l'Industrie.

M. Balsan lit un rapport dans lequel apparaît sa haute expérience de grand industriel. Ses avis, éminemment pratiques, font la lumière sur les points contestés. Sa rédaction paraît si bien étudiée, si judicieuse qu'elle emporte tous les suffrages et remplace le texte primitivement proposé. On se borne à ajouter quelques détails, comme l'assimilation des colonies à la métropole, au point de vue des tarifs douaniers, et les vœux sont votés.

[1] Voir pièces annexes, p. 47.

SECONDE RÉUNION GÉNÉRALE ET CLOTURE

L'Assemblée générale de clôture commence à deux heures, sous la présidence de M. le comte de Bourbon, assisté de MM. de Lafont et Marchain, devant un auditoire plus nombreux encore que la veille.

M. Edmond Charlemagne débute par un discours magistral sur les pouvoirs publics. C'est un puissant orateur d'affaires. Son langage est d'une grande clarté et l'exposé qu'il donne est souligné par de nombreux bravos. Son discours, que nous reproduisons, nous dispense de toute analyse.

M. Desgardes, conseiller général de l'Indre, résume en quelques mots précis et incisifs ce qu'il y a à dire sur les finances.

Après les vœux relatifs aux pouvoirs publics, à l'assistance publique, à l'armée, à la justice, aux finances, nous entendons successivement MM. les rapporteurs donner lecture des vœux de l'Industrie, des Arts et Métiers, du Commerce et de l'Agriculture qui sont tous accueillis par l'auditoire avec la plus vive sympathie.

A 3 h. 1/2, M. Maurice Roger, avocat à Blois, monte à la tribune.

M. Roger est jeune mais il possède déjà toutes les qualités de l'orateur. Avec un charme de parole pénétrant, il nous retrace l'historique des diverses périodes de la Révolution.

Il montre l'inanité des réformes révolutionnaires et le retard apporté par elles au vrai progrès, mais il n'est jamais trop tard pour relever la France.

L'épisode de Jeanne d'Arc à une époque où nous étions si bas est une preuve que Dieu n'abandonne point notre pays. Espérons et rendons-nous dignes des secours d'en haut.

Ce discours plein de mots heureux est maintes fois interrompu par des bravos et finalement salué par plusieurs salves d'applaudissements.

On procède ensuite, sur la proposition de M. de Lafont, à la nomination des délégués de notre Assemblée provinciale qui devront représenter le Berry à l'Assemblée générale de Paris, du 24 au 27 juin. Ce sont :

MM. Balsan, comte de Bourbon-Lignières, Hémery de Lazenay, G. Jouslin, de Lafont, vicomte de Laugardière, Magnard du Vernay, de Maisonfort, Marchain, comte de Villaine, baron de Villeneuve, Octave Roger, Toubeau de Maisonneuve.

Enfin M. le comte de Bourbon résume les travaux de ces trois journées et clôt la séance en se faisant l'interprète de tous pour remercier les orateurs et tous ceux qui ont pris part à ces importantes réunions.

L'Assemblée se sépare à 5 heures, pour aller à la cathédrale assister à un salut solennel que l'autorité ecclésiastique veut bien donner à notre intention.

A 7 heures du soir, un banquet réunissait près de cent convives.

Les patrons chrétiens de Bourges confondaient leur banquet annuel avec celui du centenaire. Un entrain charmant et du meilleur aloi ne cessa pas d'animer ces agapes fraternelles que terminèrent des toasts portés avec enthousiasme :

1° par M. le comte de Bourbon-Lignières, aux orateurs.

2° par M. Maurice Roger, à M. le comte de Bourbon, président.

3° par M. Pigelet, à la solidarité des patrons et ouvriers et à l'union des classes.

4° par M. Jouslin, à MM. de Lafont, organisateur et de Maisonfort, initiateur du centenaire en Berry.

5° par M. de Marguerye, au Souverain Pontife Léon XIII.

6° par M. Marchain, à l'union de l'Indre et du Cher.

7° par M. de Lafont, à ses zélés collaborateurs.

8° par M. d'Allemagne, à la France.

Telle est l'esquisse, malheureusement trop imparfaite, mais fidèle de nos réunions du centenaire en Berry.

Afin d'en conserver le souvenir et surtout de continuer un mouvement bien commencé, de nombreux exemplaires des vœux ont déjà été répandus. Nous les offrons aujourd'hui au public, en brochure avec les rapports et discours, qui permettront plus aisément d'en apprécier l'esprit et d'en saisir le sens.

Que ne pouvons-nous publier tous les travaux remarquables qui se sont produits à cette occasion?

Un auteur ancien disait : *habent sua fata libelli.* Aux pages que l'on va lire, expression de la pensée de tant d'esprits droits, de cœurs généreux, Dieu veuille assurer un heureux destin !

Puissent-elles contribuer au relèvement de la patrie !

VŒUX

RELIGION [1]

1° Que les pouvoirs publics reconnaissent hautement l'existence de Dieu et l'importance de se conformer aux prescriptions immuables du décalogue qu'il a promulgué ; qu'on rende à la religion sa place légitime dans les manifestations et dans les actes de la vie publique.

2° Que le repos dominical soit observé par les administrations publiques et encouragé dans l'ordre des intérêts privés.

3° Que le Concordat soit loyalement observé dans le sens le plus large des besoins et de la liberté du culte et de ses ministres, et que les articles organiques soient abrogés en ce qui est contraire à ses dispositions.

4° Que l'Église et les associations religieuses aient le droit de posséder.

5° Que les associations religieuses puissent se former librement.

6° Que les processions et les manifestations traditionnelles du culte catholique soient entièrement libres.

7° Que les lois qui enlèvent aux cimetières leur caractère religieux et au clergé la jouissance exclusive de la police des églises soient abrogées.

FAMILLE ET MŒURS [2]

1° Que le chapitre du code civil relatif au mariage soit modifié de manière à respecter la foi catholique, et que les articles 199 et 200 du code pénal soient abrogés.

2° Que la loi sur le divorce soit abrogée.

3° Que les lois permettent la répression de la séduction.

[1] Voir le Rapport, p. 47.
[2] Voir le Rapport, p. 51.

4º Que la presse et les productions immorales, obscènes et attentatoires à la religion, soient réellement et sévèrement réprimées
par les voies légales.

5º Que la liberté des cabarets soit supprimée et que le nombre
en soit sagement proportionné à l'importance des localités.

6º Que l'on réforme les lois régissant la propriété et les successions, notamment les art. 826, 832 et 1079 du code civil, afin de
conserver et perpétuer les foyers, surtout les foyers ruraux et les
domaines agricoles ; que l'on fasse aussi les réformes nécessaires
pour que les petits héritages ne soient pas dévorés par les frais de
procédure et les droits fiscaux.

7º Que la loi réprouve le duel et le punisse au moins de la
privation des droits civiques, et que cette peine soit étendue aux
témoins et autres complices.

ASSISTANCE PUBLIQUE [1]

1º Que l'État réduise à son minimum l'assistance officielle en
encourageant la charité privée, notamment en rendant la liberté
avec la personnalité civile et le droit d'acquérir à tous les établissements charitables ayant pour but l'assistance matérielle et
spirituelle des individus.

2º Que l'administration des établissements de secours et de
charité soit complètement conforme aux intentions des fondateurs
sous le contrôle qu'ils auront institué.

INSTRUCTION [2]

1º Que l'on proclame le principe de la liberté d'enseignement
et qu'on abolisse le monopole de l'État.

2º Que la loi autorise la création d'universités autonomes,
regionales, indépendantes dans leur administration, leurs
méthodes et leurs programmes, en lesquelles puisse se trans-
former l'Université officielle.

[1] Voir le Rapport, p. 62 et suiv.
[2] Voir le Rapport, p. 54.

3º Que les lois scolaires qui portent atteinte aux droits des pères de famille et à la liberté pour l'Église de remplir sa mission d'enseignement religieux et moral soient abrogées.

Que l'on abroge la loi de 1884, dite de laïcité, et que l'on retourne à la loi de 1867 établissant la gratuité relative, laquelle sera appliquée aussi largement que le permettront les ressources.

4º Que les écoles primaires soient vraiment communales, que les pères de famille puissent par eux ou leurs représentants statuer sur le choix des maîtres et sur le système d'enseignement.

5º Que les conditions des concours pour l'entrée dans les écoles du gouvernement et dans les fonctions publiques soient établies de manière à éviter le surmenage intellectuel.

POUVOIRS PUBLICS [1]

1º Que les droits de Dieu sur les individus et sur la société soient reconnus.

2º Que le régime représentatif des intérêts, conforme au droit historique, soit substitué aux abus du parlementarisme ou régime de la souveraineté parlementaire.

3º Que le suffrage universel puisse exprimer, au lieu d'un groupement artificiel et purement numérique, les droits et les intérêts dés groupes naturels sociaux et professionnels.

4º Que, dans les chambres représentatives, le vote soit toujours personnel, et que nul ne puisse voter pour un collègue absent s'il n'est porteur d'un mandat spécial ; qu'il soit fixé un minimum de majorité variable avec le caractère des lois ou résolutions, mais toujours supérieur à l'unité ; que les résultats des scrutins ne soient jamais acquis quand on y aura reconnu des erreurs abaissant la majorité au-dessous du minimum fixé.

5º Que l'on abroge immédiatement les lois qui blessent ou suppriment les droits naturels, les libertés essentielles de l'individu, de la famille et de la commune, et que la liberté individuelle soit sérieusement garantie ; que le secret des correspondances confiées à l'administration des postes soit mieux observé.

---

[1] Voir le Rapport, p. 58.

6° Que l'administration soit largement décentralisée et que fin soit ainsi mise aux abus du système bureaucratique.

7° Qu'une garantie légale assurant la liberté d'association et, par elle, l'organisation des groupes sociaux professionnels ou corporatifs, favorise le large développement de la vie communale et provinciale que l'influence prédominante de la capitale étouffe aujourd'hui.

ARMÉE [1]

1° Que le commandement de l'armée soit soustrait aux fluctuations politiques et exercé par une personne distincte du Ministre de la Guerre, dont le rôle serait exclusivement budgétaire.

2° Que l'on forme une armée de métier solide, composée de gens consentant à servir pendant la paix, complétée dans la mesure nécessaire par un contingent tiré au sort, appelé pour une longue durée, et pour lequel on accepterait, afin de peser moins sur la population, et la substitution et le remplacement organisés dans des conditions suffisantes de moralité.

3° Que l'on retienne les sous-officiers sous les drapeaux jusqu'à l'âge mûr en leur assurant d'une manière efficace des fonctions publiques rétribuées à leur sortie du service.

4° Que l'on maintienne l'organisation d'importantes réserves destinées à être appelées, au cas du danger, pour être incorporées et encadrées dans les éléments de l'armée permanente.

5° Que l'on conserve purement et simplement les dispenses qui figurent encore dans les lois de recrutement, et que l'on augmente au besoin la proportion des soutiens de famille.

6° Que l'esprit religieux soit rétabli dans l'armée par une organisation complète de l'aumônerie, ainsi que par une grande liberté laissée à la pratique religieuse, assurée par les règlements comme cela existe dans les autres États.

7° Que l'on revienne aux dispositions du décret du 23 octobre 1863, relativement aux honneurs à rendre au culte catholique.

8° Que le duel soit aboli.

[1] Voir le Rapport, p. 65.

JUSTICE [1]

1° Que l'entrée dans la magistrature soit obligatoirement précédée d'un concours ouvert à tous et, en outre, d'une présentation par les chefs des cours, contrôlée par celles-ci délibérant avec adjonction du bâtonnier de l'ordre des avocats et des présidents des chambres des avoués et des notaires ; qu'un nombre de places à déterminer soient réservées aux avocats, professeurs de droit, avoués, notaires et greffiers ayant un nombre d'années d'inscription ou de services fixé d'après l'importance de l'emploi vacant.

2° Que l'avancement soit réglementé d'après le mérite et les états de service, sous le contrôle des compagnies judiciaires, et de manière à éviter le déplacement des magistrats, principalement des juges de paix.

3° Que la hiérarchie soit simplifiée par la diminution des classes et la réduction des plus gros traitements.

4° Que l'inamovibilité soit garantie aux magistrats, y compris les juges de paix nommés conformément à l'article Ier.

5° Que la compétence générale des juges de paix ne soit pas augmentée ; mais que, dans les limites qu'elle a actuellement, elle s'applique aux saisies-arrêts, aux petites affaires commerciales ; et que cette compétence s'étende aux litiges prévus par la loi du 29 avril 1845 sur les irrigations, ainsi que l'a édicté la loi du 10 juin 1854 en matière de drainage.

6° Qu'il soit fait une réforme complète du code de procédure civile en vue de proportionner les frais à l'importance des affaires et que les droits fiscaux soient également réduits dans le même but.

7° Qu'il soit avisé au moyen d'assurer un meilleur recrutement et fonctionnement du Jury.

8° Qu'il soit établi un tarif général pour le notariat par ressort de cour d'appel ; que les dépôts reçus par les notaires soient réglementés et contrôlés ; que l'on exige dans l'admission des candidats de plus grandes garanties de capacité et de moralité.

9° Que la juridiction commerciale soit réorganisée en la rendant plus accessible dans le sens de l'extension des arbitrages et des,

---

[1] Voir le Rapport, p. 70.

conciliations ; qu'en activant et simplifiant la gestion des faillités et liquidations, on en rende la surveillance plus facile.

10° Que les tribunaux administratifs et le tribunal des conflits soient réorganisés de manière à présenter, avec une compétence plus spéciale, les mêmes garanties d'indépendance qui ont été demandées pour la magistrature.

11° Que les pouvoirs de police judiciaire soient enlevés aux préfets des départements pour lesquels ils n'ont plus de raison d'être ; que les pouvoirs du préfet de police soient maintenus, étant entendu que ce magistrat répondra devant la justice de droit commun de tous ses actes concernant la police judiciaire.

FINANCES [1]

1° Qu'il soit tout d'abord dressé et publié un état aussi exact que possible de la situation présente.

2° Que la dette flottante soit réduite aux proportions les plus restreintes.

3° Qu'on pose en principe qu'il ne sera plus contracté d'emprunt nouveau par voie directe que pour des besoins extraordinaires bien justifiés, jamais par voie déguisée.

4° Que des économies soient réalisées, notamment :

(a) Par la cessation des dépenses exagérées qui, sous prétexte d'instruction publique, n'ont d'autre but que la persécution religieuse ;

(b) Par la révision des lois qui ont imposé à l'État, aux départements et aux communes, des dépenses qu'il n'était pas nécessaire de leur faire supporter et qui sont hors de proportion avec les besoins qu'il s'agit de satisfaire ;

(c) En réduisant le nombre des fonctionnaires rétribués et en les remplaçant, quand il est possible, par des fonctionnaires non rétribués.

5° Que la loi rétablisse la garantie de l'adjonction, aux conseils municipaux, des plus imposés, parmi lesquels seraient représentés les veuves, les mineurs et les filles majeures, maîtresses de leurs droits.

[1] Voir le Rapport, p. 76.

6° Qu'en aucun cas l'État n'exploite directement les chemins de fer.

7° Que l'on recherche le moyen d'obtenir, ainsi que cela s'est fait dans d'autres pays, par l'élévation de certains droits de douane et par l'établissement de droits fiscaux sur divers produits étrangers, l'augmentation des ressources normales.

8° Que le budget ordinaire soit voté pour plusieurs années; qu'une part suffisante y soit faite à l'amortissement, et qu'on ne puisse par voie budgétaire porter atteinte à l'organisation des services publics, laquelle ne serait modifiée qu'en vertu de lois spéciales.

9° Qu'afin de décharger le budget, les pouvoirs publics favorisent la constitution de dotations, fondations et propriétés spéciales pour certains services généraux.

10° Que le produit des économies, que le montant des ressources provenant ou de l'accroissement du rendement des taxes, ou des causes ci-dessus énumérées, soient employés au dégrèvement des impôts, et d'abord de ceux qui pèsent sur l'agriculture et la propriété immobilière.

GRANDE INDUSTRIE

L'énoncé des vœux a été précédé des observations suivantes de M. Balsan.

« Le dix-neuvième siècle a si profondément modifié les conditions d'existence de l'industrie et du commerce, qu'il est bien difficile de rattacher leurs vœux actuels à ceux de 1789.

« Les règlements minutieux des siècles précédents avaient produit des résultats d'une admirable grandeur, ils avaient élevé le niveau de perfection des produits français au-dessus de tous leurs rivaux; mais l'excès de réglementation était devenu inadmissible en face de l'extension du marché français et de ses relations coloniales et internationales. Une réforme était donc nécessaire en 1789. N'y a-t-il pas eu alors excès et parfois erreur dans les réformes? En tous cas, il y a eu, au cours du XIXe siècle, transformation complète des conditions des transactions, de la production et du travail. Aussi sommes-nous de nouveau en face de problèmes considérables dont il convient de chercher la solution pour le bien de tous, pour le bien des intérêts matériels, moraux et religieux du

pays travailleur. Par une apparente contradiction avec les tendances politiques modernes, les regards des réformateurs actuels
se reportent vers le passé pour chercher ce qu'il y a eu de bon en
tout temps et tâcher d'en tirer profit.

« Quels progrès peut-on souhaiter aujourd'hui ?

« Comment est-il possible de formuler les vœux des hommes
de travail ?

« Cette étude nous paraît pouvoir être divisée en quatre sections
dont voici l'énoncé :

« 1° Organisation de la vie industrielle et commerciale pour le
patron.

« 2° Organisation industrielle et sociale pour l'ouvrier.

« 3° Rapports des patrons et des ouvriers.

« 4° Rapports du monde industriel et commercial avec le reste
du pays. »

PREMIÈRE SECTION

ORGANISATION DE LA VIE INDUSTRIELLE ET COMMERCIALE POUR LE PATRON

1° Réformer la législation actuelle des successions de laquelle
résulte la destruction périodique des entreprises commerciales et
industrielles, qui met obstacle à la création de grandes usines
comme aussi de relations lointaines par des particuliers et des
familles ; augmenter la liberté du père de famille pour la répartition de ses biens entre ses enfants [1].

2° Étudier à nouveau les sociétés anonymes, renforcer les lois
qui les régissent ; ne permettre la création de ces sociétés que dans
le cas où la disposition de capitaux en quelque sorte illimités est
nécessaire.

DEUXIÈME SECTION

ORGANISATION DE LA VIE INDUSTRIELLE ET SOCIALE POUR L'OUVRIER

1° En première ligne, demander une modification des lois de
succession dans le but d'empêcher la destruction périodique du
foyer de la famille ouvrière.

---

[1] Les lois n'étant pas inspirées en Angleterre par des principes d'égalité
entre les enfants au même degré qu'en France, n'existe-t-il pas en cela une
raison de fait qui pousse dans cette voie à cause de la nécessité de soutenir
la lutte contre l'Angleterre ?

2° Réprimer les mauvaises mœurs en protégeant la femme.

3° Empêcher autant que possible les ateliers composés d'hommes et de femmes.

4° Réglementer dans un sens restrictif le travail de nuit pour les femmes et les enfants.

5° Exiger que les repas soient pris dans un local spécial et de surveillance possible quand les ouvriers désirent manger à l'atelier.

6° Assurer l'instruction des enfants, les protéger contre tout travail qui fatigue ou déforme prématurément le corps.

7° Recommander que la paye soit faite chaque semaine le jour du marché de la localité ; que, au moins partiellement, la paye de l'enfant soit remise au père ou à la mère ; combattre la tendance des enfants à se dégager des intérêts collectifs de la famille en percevant et conservant en entier leurs gains pour leur usage personnel.

8° Préserver, du reste, la famille ouvrière contre tout ce qui tend à en détruire les liens ; rappeler au père son autorité ; faciliter l'influence presque toujours tutélaire de la femme.

9° Réglementer les associations et sociétés coopératives de production, encourager les sociétés coopératives de consommation, les caisses de retraite, les sociétés de secours mutuels, les caisses d'épargne ; faciliter à l'ouvrier le moyen de mettre de côté le prix de son loyer au cours de l'année.

10° Veiller à ce que les réserves financières, telles que les caisses de retraite, emploient leurs fonds en valeurs d'une sécurité complète et ne les laissent pas aux mains d'une entreprise particulière.

11° Assurer le repos des dimanches et fêtes.

12° Faciliter aux ouvriers l'épargne surtout en vue de l'acquisition d'un logement au dehors des villes et avec jardin.

13° Recommander que les logements destinés aux ouvriers ne contiennent pas deux familles sous le même toit.

14° Fixer la durée de la journée normale du travail par groupes d'industries similaires et par règlements internationaux [1].

---

[1] Il serait en effet funeste aux intérêts du pays que la réglementation du travail plaçât telle industrie française dans une infériorité marquée en face des rivaux étrangers.

15° Créer des institutions libres en vue de donner à l'ouvrier dans toutes les circonstances de sa vie sociale le conseil et l'appui que son isolement rend indispensables [1].

TROISIÈME SECTION

RAPPORTS DES PATRONS ET DES OUVRIERS

1° Respecter la liberté du contrat de main-d'œuvre et ne pas méconnaître les nécessités de la concurrence moderne que l'avenir modérera sans doute, mais dont l'importance extrême domine la vie industrielle actuelle ; chercher pourtant les moyens d'empêcher les abus de pouvoir des patrons, de faciliter le règlement des conflits par des juridictions et de facile accès, et en particulier par des arbitrages librement consentis.

2° Obliger, en cas d'accident, le patron à adresser un rapport explicatif aux autorités de la localité.

3° Réglementer la responsabilité des patrons en cas d'accidents.

Rechercher si l'usage des assurances pour les accidents n'a pas pour effet de placer l'ouvrier en face d'une personnalité bien plus dure et bien plus difficile à combattre que le patron.

4° Perfectionner les contrats d'apprentissage.

5° Obliger le patron à tenir les ateliers dans un état de salubrité aussi parfait que possible.

6° Maintenir pour le bien des ouvriers la législation libérale actuelle du livret facultatif, avec interdiction au patron d'y inscrire aucune annotation.

QUATRIÈME SECTION

RAPPORT DU MONDE INDUSTRIEL ET COMMERCIAL AVEC LE RESTE DU PAYS

1° Maintenir la juridiction commerciale actuelle, mais en la rendant plus accessible dans le sens de l'extension des arbitrages, des conciliations ; activer, simplifier, les gestions des faillites, des liquidations ; en rendre plus facile la surveillance.

---

[1] Tout est à faire pour que l'isolement de l'ouvrier dans l'organisation moderne, très complexe pour l'individu peu lettré, ne lui soit pas funeste.

2º Protéger plus efficacement la liberté du travail en cas de grève.

3º Dénoncer les traités de commerce existants dès qu'ils arriveront à terme ;

Établir un tarif douanier qui fasse payer aux produits étrangers au moins l'équivalent des charges que supportent les produits nationaux semblables pour la création des ports, des routes, canaux, chemins de fer, et le paiement de tous les impôts en France.

4º Assimiler les colonies, comme l'Algérie, à la Métropole au point de vue du tarif douanier.

5º Ne plus favoriser l'exportation des capitaux français à l'étranger, exportation d'où résultent à la fois l'appauvrissement de la France et l'abaissement de la valeur de son sol et, par contre, l'enrichissement des pays étrangers.

6º Réserver à la production nationale toutes les fournitures à faire à l'État et aux compagnies subventionnées ou garanties par l'État.

7º Réformer les patentes pour que plusieurs commerces groupés dans une même entreprise paient la totalité de ce que chacun d'eux payerait isolément.

8º Proscrire l'agiotage sur les marchandises et interdire la publication des mercuriales de marchés fictifs, énonçant des opérations de ventes et d'achats qui ne doivent pas être réalisés.

9º Créer un conseil supérieur du commerce et de l'industrie, dont l'intervention soit nécessaire dans toutes questions touchant aux rapports internationaux, aux tarifs de transports, aux tracés de voies de transport, à la législation commerciale ; composer ce conseil de délégués des chambres de commerce, des compagnies de transport, du monde financier tels qu'agents de change, courtiers en marchandises, de magistrats et de membres désignés par l'État.

ARTS ET MÉTIERS [1]

1º Que, sans porter atteinte au régime de la liberté du travail, consistant dans le droit qu'a chaque citoyen de choisir librement sa profession, d'en établir le siège dans le lieu qui lui convient et

---

[1] Voir le Rapport, p. 77.

d'employer les moyens de fabrication qu'il juge les plus avantageux, la législation facilite le groupement des industries.similaires en corporations libres ou syndicats mixtes formés de patrons et d'ouvriers, sans toutefois que l'État intervienne dans leur administration et leur réglementation, si ce n'est pour empêcher les monopoles, inconciliables avec la liberté individuelle telle qu'elle est définie ci-dessus.

2° Qu'en conséquence les syndicats mixtes puissent s'administrer librement et régler les conditions du travail spéciales à chaque corps d'état.

3° Que la personnalité civile soit accordée aux syndicats mixtes ; qu'ils aient toute facilité pour se constituer un patrimoine corporatif et pour créer les institutions économiques utiles à la corporation.

4° Que les membres des syndicats mixtes aient la faculté de s'engager d'avance à soumettre les difficultés qui pourraient survenir entre eux à des arbitres de leur choix pris, soit parmi les syndiqués, soit parmi des personnes étrangères à la profession.

COMMERCE [1]

1° Qu'une législation sociale fondée sur les principes de morale qui sont la base de la civilisation réprime l'usure et les jeux de bourse, et remédie aux abus des marchés à terme sur des valeurs fictives.

2° Que la loi sur les sociétés commerciales, surtout les sociétés anonymes, soit complètement réformée en vue de rendre la responsabilité plus effective ; que notamment on ne puisse pas émettre d'obligations avant le versement intégral du montant de toutes les actions souscrites.

3° Que les émissions d'actions de sociétés industrielles, commerciales et financières, soient l'objet d'une surveillance spéciale, et que les fraudes soient rigoureusement punies ;

4° Que les lois sur les accaparements soient mises en vigueur et complétées.

[1] Voir le Rapport, p. 77.

5° Que les associations corporatives soient investies de la personnalité civile et favorisées à l'encontre des associations de capitaux qui accaparent les instruments de travail et profitent des monopoles.

6° Que le commerce *local* soit protégé contre la concurrence des déballeurs et des marchands forains.

7° Que le cumul des différents commerces dans les grands magasins, loin d'être favorisé par la loi, soit entravé par des mesures fiscales efficaces.

AGRICULTURE [1]

1° Que l'agriculture, fondement de la prospérité nationale, soit représentée dans les chambres et dans les conseils départementaux et provinciaux.

2° Qu'une loi établisse au plus tôt, avec obligation pour le gouvernement de les consulter sur toutes les mesures concernant les intérêts agricoles :

a) Des chambres consultatives élues par les agriculteurs et composées d'agriculteurs :

b) Un conseil supérieur d'agriculture, émanation des chambres consultatives.

3° Que les libertés communales soient étendues, tout en maintenant un contrôle suffisant, et que les plus imposés soient rétablis près des conseils municipaux pour le vote des emprunts et des impôts communaux.

4° Que la législation civile restrictive de la liberté pour la composition des lots en matière de partage soit réformée, et que l'article 1079 du code civil soit aussi révisé en vue de la conservation des foyers.

5° Que l'on étudie la question de savoir si le domaine rural ne devrait pas être déclaré insaisissable pour partie.

6° Qu'une disposition de loi mette fin à tout accaparement dans un but d'agiotage sur tous les produits agricoles de première nécessité.

7° Que les traités de commerce ne soient pas renouvelés et que les tarifs des douanes et des chemins de fer protégent l'agricul-

[1] Voir le Rapport, p. 87.

ture française contre la concurrence étrangère ; que les tarifs dits de pénétration soient modifiés dans un sens favorable aux produits français; qu'en tout cas les prix de ces tarifs soient appliqués aux denrées françaises dans leur circulation à l'intérieur ; que des droits de navigation spéciaux soient établis sur les produits étrangers circulant sur les canaux français.

8° Que l'impôt soit établi sur des bases plus équitables et ne pèse pas presque exclusivement sur l'agriculture.

9° Que le taux des droits de mutation soit réduit, et que les formalités d'enregistrement soient dégagées de leur caractère exclusivement fiscal, notamment que les dettes d'une succession soient retranchées de l'actif pour le paiement des droits.

10° Que les syndicats agricoles soient pleinement investis de la personnalité civile.

11° Que l'absentéisme et la désertion des campagnes soient combattus par une bonne législation.

12° Que dans l'intérêt moral et économique des classes laborieuses, les pouvoirs publics réduisent notablement le nombre des cabarets.

13° Que le nombre des foires soit diminué.

14° Que la loi de 1854, qui laisse aux communes toute facilité pour aliéner des biens communaux, soit revisée dans le sens de la conservation de ceux encore existants et de leur accroissement.

DISCOURS SUR LES VŒUX DU BERRY EN 1789

Par M. le Vte Charles de Laugardière

CONSEILLER MUNICIPAL DE BOURGES, ANCIEN CONSEILLER A LA COUR D'APPEL

Mesdames et Messieurs,

Nous ne sommes pas des rétrogrades. Condamnant en toute sincérité les abus de l'ancien régime, ce qui nous donne le droit de dénoncer les abus actuels, ce n'est point vers le passé que nous allons ; c'est vers l'avenir, éclairés et guidés par l'histoire, prémunis par une expérience chèrement acquise. Or, c'est précisément sur une question historique qu'il m'a été demandé de prendre la parole.

En acceptant la délicate mission de vous entretenir des Vœux du Berry en 1789, je ne me suis fait aucune illusion sur la difficulté de ma tâche. Mon sujet pourra vous paraître aride, et ses développements, je le crains, vous sembleront monotones ; je l'aborderai néanmoins avec le sentiment affectueux qui, depuis longtemps, me porte à l'investigation des choses berruyères, et surtout avec la confiance que vous voudrez bien, Messieurs, en m'écoutant, prêter avec moi, à ces souvenirs séculaires de notre province, une attention mêlée d'une large part d'amour filial.

Les vœux dont je vais vous exposer les plus saillants, se trouvent contenus dans des mémoires rédigés en 1789, pendant la période électorale de convocation des États-Généraux. Les trois ordres de la province du Berry, Clergé, Noblessse et Tiers-État, c'est-à-dire troisième ordre ou représentants des villes, paroisses ou communautés laïques, s'étaient assemblés à Bourges, le 18 mars, et selon l'usage, préalablement à la nomination de ses députés, chaque ordre avait choisi des commissions pour dresser séparément le résumé de ses plaintes ou doléances, remontrances et pétitions. On donnait à ces résumés le nom de *Cahiers ;*

les députés, dispensés alors de produire des professions de foi, les emportaient comme leur mandat, en copie authentique, et devaient s'inspirer de leur texte et de leur esprit. Le Cahier général de la Noblesse, auquel il conviendrait de joindre, dans une étude plus approfondie, les très intéressants « Rapports de Messieurs les Commissaires », a été, ainsi que ces rapports préliminaires, imprimé dès l'époque de sa rédaction ; celui du Tiers-État, dont l'original est aux Archives du Cher, a été reproduit dans plusieurs ouvrages récents. Celui du Clergé ne se retrouve plus. Les directeurs du recueil intitulé *Archives parlementaires,* ont suppléé à son absence par la publication des « Respectueuses doléances de l'Église métropolitaine de Bourges », et d'un Cahier particulier, sans titre ni signature, qu'ils ont donné comme étant celui de l'Église Saint-Étienne de Bourges ; flagrante erreur, car l'Église métropolitaine ou Cathédrale, et l'Église Saint-Étienne, c'est une seule et même chose. Ce cahier, qu'il suffit de lire pour s'en convaincre, émane d'un curé anonyme de campagne ou de petite ville ; la fausse origine qu'on lui a prêtée provient de ce qu'il se trouve, à notre dépôt départemental, dans une des liasses du fonds du Chapitre de Saint-Étienne, avec la minute des Respectueuses doléances, le brouillon du Cahier de la Chambre Ecclésiastique du diocèse, et l'extrait sommaire d'un certain nombre de doléances de communautés religieuses et de prêtres de la Province, le curé inconnu y compris. J'avais consulté tous ces documents, lorsqu'au dernier moment une communication aussi affable que désintéressée a mis sous mes yeux des notes prises à Paris, aux Archives nationales, sur une lettre de l'archevêque de Bourges, Mgr de Puységur, au célèbre Necker, rendant compte à ce ministre de l'assemblée de l'ordre du Clergé et analysant les points principaux de son introuvable Cahier. Profitant avec reconnaissance de cette information inespérée, je me suis empressé de la joindre au dossier d'où je vais tirer les éléments de la communication que j'aurai l'honneur de vous présenter.

Comme cela s'est déjà fait à l'Assemblée de Montpellier, j'ai groupé mes renseignements suivant la disposition même des vœux et projets de vœux, que vous avez admis déjà ou étudiés dans vos Commissions intérieures : Religion, Famille et mœurs, Assistance publique, Instruction, Pouvoirs publics, Armée, Justice, Finances, Industrie, Arts et métiers, Commerce, Agriculture. Constamment j'aurai soin de vous indiquer mes sources, et je me servirai autant que je le pourrai des expressions mêmes des divers rédacteurs.

En première ligne, l'Église de Bourges représente au Roi « que la Religion est le plus ferme soutien des États, qu'elle est la base nécessaire d'une bonne législation... » Elle demande qu'il plaise à Sa Majesté « renouveler les défenses faites aux imprimeurs d'imprimer des livres contraires à la Religion, défendre aussi aux libraires, colporteurs de répandre de pareils livres ; ordonner que par les Juges des lieux, accompagnés d'Ecclésiastiques instruits et éclairés, désignés par l'Évêque, il sera fait de temps en temps visite chez les imprimeurs et libraires, que tous les livres contraires à la Religion et aux bonnes mœurs seront saisis et confisqués, et qu'il sera procédé contre les délinquants suivant la rigueur des Lois. »

En réclamant, d'autre part, la liberté de la Presse, la Noblesse veut, néanmoins, que les auteurs restent assujettis « aux censures ecclésiastiques pour les livres traitant du dogme de la Religion seulement, attendu que la Nation elle-même a le plus grand intérêt à le maintenir dans toute sa pureté ».

Tandis que l'ordre du Clergé exprime le vœu que le culte public soit réservé exclusivement à la religion catholique, le Tiers-État en formule un d'une identité absolue, avec ce préalable toutefois : « que tous sujets non catholiques jouissent de tous les droits de citoyen. »

Puis, vient de la part de l'Église de Bourges, une série de pétitions dont les principales sont ainsi conçues :

« Nous supplions Sa Majesté de maintenir dans son royaume la prééminence et l'autorité du Saint-Siège, en conservant toutefois les libertés de l'Église gallicane... Nous lui demandons avec instance de permettre la tenue des Conciles provinciaux, si propres à réformer les abus qui se glissent dans les diocèses...

« Nous la prions d'enjoindre aux officiers à qui il appartiendra, de tenir la main à ce que les anciennes ordonnances sur la sanctification des dimanches et fêtes soient exactement exécutées.

« Nous supplions Sa Majesté de vouloir bien ordonner que les décrets des Conciles, les Édits, Ordonnances, Arrêts et Règlements rendus au sujet du respect dû aux églises seront exécutés, et enjoindre aux Juges des lieux d'y tenir la main. »

Le point de vue spirituel suffisamment considéré, j'arrive à la question qui, dans l'ancien ordre de choses et à l'époque de la

convocation des États Généraux, formait au point de vue tempo-
rel la grave préoccupation du clergé paroissial. Je veux parler de
la *portion congrue*, pension ou traitement que ceux qui, à titre
ecclésiastique ou à titre laïque, percevaient les grosses dîmes des
paroisses, devaient payer aux curés et vicaires pour leur subsis-
tance. Son minimum, nous disent les auteurs, était de 300 livres
au XVIIe siècle, de 500 livres au XVIIIe. C'était insuffisant. Aussi,
à en juger par les documents qui nous restent, le Cahier de l'ordre du Clergé devait contenir un vœu tendant à l'augmentation
des portions congrues. Certains pasteurs du diocèse désiraient
qu'elles fussent portées à 1,000 ou 1,200 livres ; d'autres auraient
voulu que celles de MM. les Curés de campagne fussent plus fortes
de 500 livres que celles de MM. les Curés de ville.

La Noblesse avait négligé la question, le Tiers-État s'en occupe
et demande « que les portions congrues des curés et vicaires
soient augmentées sur les biens ecclésiastiques, et tout casuel,
même volontaire, supprimé. » Sans aller aussi loin sur ce dernier
point, le curé anonyme déclare qu'il y a lieu à « suppression du
casuel forcé. »

L'Église de Bourges et le Tiers-État sont d'accord pour demander la suppression du droit de suite de dîme, résultant de l'application d'une disposition particulière à la coutume du Berry.
Entrer à ce sujet dans des explications détaillées, ce serait m'at-
tarder inutilement dans une digression de droit coutumier local ;
mais puisque j'ai été amené à prononcer à plusieurs reprises ce
mot de *dîme,* qui n'a plus qu'un intérêt historique et dont
pourtant la mauvaise foi persiste à faire un épouvantail, je crois
devoir dire et crier bien haut que nul d'entre nous ne songe à
faire revivre cette perception du dixième, et souvent de beaucoup
moins, sur certains produits de la culture ou de l'élevage des
animaux ; trop heureux si, de son côté, l'État moderne voulait
bien restreindre ses exigences fiscales et pouvait renoncer à pré-
lever, sur la totalité de nos ressources, une dîme générale plusieurs fois plus onéreuse que la dîme spéciale du passé !

J'en ai fini avec ce qui concerne la Religion et ses ministres.
Dans l'ordre d'idées auquel répond notre seconde série de vœux,
« *Famille et mœurs* », je trouve très peu de choses à glaner dans
les cahiers provinciaux de 1789. « Des livres impies, dit l'Église
de Bourges, inondent les provinces et se répandent jusque dans
les campagnes. Ce sont ces livres pervers qui corrompent les

mœurs, sèment la discorde dans les familles, troublent les différents états de la société, et occasionnent ces séparations de corps
multipliées (le texte porte *divorces*), dont retentissent si souvent
et si scandaleusement les tribunaux. » Et pour parer à ces graves
inconvénients, elle réclame contre les livres contraires aux
bonnes mœurs, aussi bien que contre la Presse irréligieuse, les
mesures sévères que vous savez.

Sur la question de l'Assistance publique, la Noblesse s'exprime
ainsi : « Que tous les hôpitaux répandus dans les districts de
cette province y soient conservés et augmentés, s'il est possible. »
Le curé anonyme souhaite que certaine rétribution reçue par les
Archiprêtres, passe à l'Hôpital, et que même destination soit donnée aux sommes versées au Secrétariat de l'Archevêché pour les
dispenses de mariage.

L'Église de Bourges seule traite de l'Éducation, et le fait en ces
termes : « Le moyen le plus sûr de réformer les mœurs de ce
Royaume, de ranimer l'esprit de Religion qui s'éteint tous les jours,
c'est de veiller avec soin à l'éducation de la Jeunesse. Le bon
ordre des Universités, des Collèges, intéresse la Nation entière.
C'est dans ces corps enseignants... que se forment les Chrétiens
fidèles, les Citoyens vertueux, les sujets soumis et obéissants.
Nous croyons que les Universités accordent trop facilement des
degrés (on dirait aujourd'hui des diplômes), que les Collèges auraient besoin de réforme ; mais cette importante réforme ne doit
être confiée qu'à des personnes éclairées, sages, vertueuses et
aimant la Religion. »

Sur le vaste sujet de l'organisation des Pouvoirs publics, là où
l'esprit réformateur commençait à se donner carrière, les renseignements abondent dans nos Cahiers, et nous n'avons qu'à choisir. Tout d'abord, voici le mandat que donne la Noblesse à ses
Députés : « Ils reconnaîtront que tous les pouvoirs relatifs à l'administration du royaume appartiennent pleinement et librement
au Roi, et qu'ils ne peuvent être limités que par les Lois, dont le
Monarque est le défenseur et le soutien. Ils feront constater de la
manière la plus authentique, que le droit de consentir les Lois
appartient seulement à la Nation assemblée par ses Représentants
librement élus, ainsi que celui de les rendre permanentes et cons-
titutionnelles ». En termes plus simples et, semble-t-il, plus cor-
rects, le Tiers-État demande « qu'aucune loi ne puisse être portée
que par le concours du Roi et des États-Généraux ».

— Sur les vœux relatifs à la périodicité de ces mêmes États-Généraux, unanimement réclamée par le Clergé, la Noblesse et le Tiers-État, et à leur convocation extraordinaire toutes les fois que l'exigeront les circonstances : cas de minorité, de régence ou d'interrègne, je passe rapidement. Je suis également forcé de glisser sur la grosse difficulté de 1789, le vote « par ordres séparés » ou la délibération en commun, avec calcul des suffrages « par têtes des trois ordres réunis ». On sait que le Tiers-État, en Berry comme dans toute la France, voulait obstinément cette dernière solution, à laquelle s'opposaient dans notre province, comme ailleurs, le Clergé et la Noblesse ; qu'il l'emporta, et que de ce jour naquit l'ordre de choses nouveau.

Sur la question d'administration provinciale, le Cahier de la Noblesse est très explicite et franchement décentralisateur. « Les États-Généraux du Royaume ne pouvant embrasser les détails particuliers relatifs à chaque Province, les députés demanderont l'établissement d'États Provinciaux, lesquels, par leur organisation, représentant la Province elle-même, puissent l'administrer pour toutes les parties de détail... » L'Église de Bourges avait fait également allusion à cet établissement d'États Provinciaux ; le Tiers-État demande qu'ils soient organisés de la même manière que ceux nouvellement rétablis dans la province du Dauphiné, et que la distribution ou assiette des impôts entre les paroisses ait lieu par leurs soins. C'est à ces États, nous dirions aujourd'hui à ce Conseil Général de la province, que la Noblesse veut voir attribuées les fonctions d'administration exercées par les Commissaires départis ou Intendants, les Préfets d'alors, dont elle réclame la suppression. Nous ne pouvons d'ailleurs la suivre, pas plus que le Clergé ou le Tiers-État, dans l'énumération des vœux relatifs à diverses attributions réclamées pour cette institution.

La Noblesse et le Tiers-État s'occupent aussi des municipalités, pour réclamer, presque dans les mêmes termes, que les officiers municipaux redeviennent électifs comme par le passé.

La question militaire nous retiendra quelques instants à peine. Le Cahier de la Noblesse est muet à cet égard, mais dans les Extraits des instructions particulières remises à ses Députés, on lit qu'ils demanderont aux États-Généraux de voter relativement à la composition des armées de terre et de mer, aux dépenses à faire pour leur entretien, ainsi qu'à la stabilité de leur constitution. On se plaignait déjà de la fréquence des affligeantes variations de la législation à cet égard. Quant au Tiers-État, il réclame l'abrogation des lois qui l'excluent des grades militaires, et la suppression du tirage de la milice; les États-Généraux aviseront au moyen de la remplacer. Hélas ! on lui a substitué les levées en masse, et cent ans après 1789, toutes les nations de l'Europe sous les armes semblent n'attendre qu'un signal pour ruer les uns sur les autres, dans une effroyable mêlée, leurs millions de combattants... Daigne Dieu nous épargner ce cataclysme !

Pardonnez-moi, Messieurs, cette incursion dans le présent. Je vous ramène en toute hâte aux Cahiers du Berry et à ceux de leurs articles qui traitent de la Justice. Sur ce point essentiel de la constitution sociale, de profondes réformes étaient urgentes, et tous s'accordaient pour les réclamer. Si la Noblesse est la seule à mettre formellement sur la même ligne « le droit sacré et inviolable des propriétés, la stabilité des Tribunaux, l'inamovibilité de leurs offices, » pour le surplus, les trois ordres sont unanimes : il faut remanier les ressorts des Parlements et des Bailliages, diminuer le nombre des juridictions, les réduire au plus à deux degrés et en fixer la hiérarchie; supprimer les Tribunaux d'exception et rendre, en tous points, leurs attributions contentieuses aux Tribunaux de droit commun ; simplifier les formes judiciaires, codifier la législation civile et criminelle, et surtout, oh ! surtout, restreindre le plus possible les frais et droits excessifs qui grèvent les justiciables. En ces quelques mots, j'ai résumé plusieurs pages. Permettez-moi de vous citer textuellement deux ou trois vœux caractéristiques : « Que les États-Généraux, dit la Noblesse, s'occupent d'empêcher que les frais de saisie et exécution des biens meubles, ou des ventes forcées des immeubles, n'absorbent le prix qui en provient... Qu'il soit procédé, avec tous les ménagements que l'esprit d'équité peut inspirer, à la réduction du nombre trop considérable des Notaires, Procureurs et Huissiers; qu'il soit fait un tarif des droits qu'ils seront autorisés à percevoir, et que la taxe des dépens soit réservée aux Juges. » Et, à son tour, le Tiers-État : « Qu'on supprimera les charges inutiles et nuisibles, telles que celles des huissiers-priseurs, et que l'on restreindra les fonctions des experts-jurés au seul fait des constructions. »

Sur la question de la liberté individuelle, la Noblesse et le Tiers-État s'entendent pour demander que nul ne puisse être arrêté en vertu d'ordres ministériels ou lettres de cachet, et que la détention, après arrestation en cas de flagrant délit, ne puisse excéder le temps nécessaire pour que l'inculpé soit remis aux juges que lui donne la loi. Le Tiers-État exprime en outre le vœu que tout citoyen détenu puisse obtenir son élargissement provisoire, sous caution, à moins qu'il ne soit prévenu ou accusé d'un crime capital.

Aux mesures prises contre l'arbitraire, la Noblesse ajoute une dernière précaution ; elle demande que la liberté du commerce épistolaire soit assurée par une loi précise, qui défende toute ouverture de lettres ou paquets dans les bureaux de postes, et en rende les Administrateurs responsables devant les Tribunaux.

Il est remarquable qu'aucun des trois ordres du Berry ne fasse allusion à l'établissement du jury dans les causes criminelles.

Les embarras inextricables de la situation financière avaient, personne ne l'ignore, été la cause principale et l'occasion déterminante de la convocation des États-Généraux. Aussi le chapitre des Finances est-il longuement traité dans les Cahiers que nous compulsons. Dans cinq articles successifs, la Noblesse impose à ses Députés, l'obligation impérieuse de constater, avant tout vote de subsides, quels sont les revenus de l'État et ses dépenses fixes et nécessaires ; d'aviser à la manière de subvenir aux dépenses imprévues ; de rechercher l'étendue du déficit et les meilleurs moyens d'arriver à la liquidation de la dette nationale, en demandant notamment des ressources à la destruction des abus de tous genres qui règnent dans l'Administration des Finances et pèsent sur toutes les provinces. Tous ces vœux, le Tiers-État les résume dans une courte phrase. Il est en outre d'accord avec la Noblesse pour vouloir qu'en même temps que le service des intérêts de la dette, son amortissement graduel soit assuré.

La même similitude règne entre les vues des deux ordres sur l'illégalité de tout subside ou impôt qui ne serait point consenti par les représentants de la Nation ; sur la responsabilité financière de chaque ministre ; sur l'obligation de rendre public, par l'impression, le compte des recettes et dépenses, le budget de chaque année.

En 1789, les impôts surabondaient, (tout comme en 1889), sous les formes les plus diverses et sous les dénominations les plus rébarbatives : gabelle ou impôt sur le sel, aides ou impôt sur le vin et droits y réunis, contrôle ou enregistrement, tailles, capitation tant noble que roturière, vingtièmes, contributions aux chemins, centième denier, marc d'or, revenus casuels, timbre, régie des poudres, postes, messageries, traites foraines, tabacs, francs-fiefs ; quelques-uns que vous reconnaissez, d'autres qui n'ont fait que changer de nom. J'en passe, et non peut-être des meilleurs ; le rapport des Commissaires de la Noblesse ne catalogue pas moins de trente-quatre impositions directes ou indirectes payées par la province du Berry. L'Église de Bourges, après exposé de motifs bien curieux et que je regrette de n'avoir pas le loisir de vous lire, sollicite du meilleur des Rois, c'est ainsi qu'à juste titre elle qualifie Louis XVI, la destruction de la gabelle, le remplacement des aides ; elle flétrit la cupidité des traitants qui exploitent le contrôle et les droits domaniaux. La Noblesse exprime l'avis que « les Députés pourront statuer, d'après le vœu général, sur les changements, réunions, extensions ou suppressions à opérer » dans cette multitude de taxes et charges dont je viens de vous donner en abrégé l'énumération, « le tout, conformément à la prudence et à l'intérêt général du Royaume. » Elle réclame expressément le remplacement de la gabelle par une imposition moins onéreuse. C'est une pareille mesure que sollicite le Tiers-État, à l'égard de cette odieuse perception et de quelques autres. Il demande en outre « qu'il soit créé, sous une dénomination quelconque, un impôt qui puisse atteindre les fortunes en argent et les forcer à une contribution, sans qu'en aucun cas les simples quittances puissent y être sujettes. » Elles le sont aujourd'hui... La Noblesse charge ses Députés de proposer « la diminution ou suppression des impôts portant sur toutes les consommations de nécessité générale, et leur rejet sur les objets de luxe que les États-Généraux en jugeront susceptibles. » Plus explicite, le rapport de ses Commissaires s'exprime ainsi, avec la phraséologie de l'époque : « Pour remplir le vœu général, nous avons pensé qu'il fallait procurer à la classe laborieuse du peuple tous les adoucissements possibles dans son état, et autoriser vos Députés à demander la suppression des droits d'aides sur la vente en détail (du vin) ; celle des octrois, des entrées sur les menues denrées[1] et autres petits droits sur les consommations du peuple, pour les reporter sur les objets d'un luxe déprédateur,... sur tout ce qui est d'usage pour le luxe des riches, sans nuire cependant aux travaux utiles des Manufactures. »

---

[1] Dans l'imprimé se trouve évidemment une double faute d'impression : *ceux* pour celle et *mêmes* pour menues.

Mais ce n'est pas assez que les charges les plus impopulaires disparaissent, que les plus lourdes de celles qui subsisteront soient atténuées, que de nouvelles ressources soient créées au besoin ; le temps est venu de sacrifier les exemptions et privilèges, qui ont eu jadis leur raison d'être et presque tous l'ont perdue. L'heure a sonné de l'égalité devant la loi fiscale. Le Clergé, par l'organe de la Chambre Ecclésiastique, se décla-, rait disposé à se soumettre à toutes les charges que supportent les citoyens ; son Cahier accepte nettement l'égalité dans la répartition des impositions. La Noblesse, « par un concours géné-reux, patriotique, fraternel et unanime, » elle le dit elle-même et peut-être avec un peu trop d'emphase, s'y est aussi déterminée. Le Tiers-État donne la formule du principe admis, en écrivant dans son Cahier : « que tous les impôts subsistants ou à établir seront supportés également et sur le même rôle, par tous les or-dres de l'État, à raison des propriétés ou facultés individuelles ; et sensible, ajoute-t-il, à la justice et au désintéressement des deux premiers ordres de la Province, il ne peut consigner leurs vœux sans leur offrir le témoignage de sa reconnaissance. »

Sur l'Industrie, un seul vœu, émané de la Noblesse. « Que les Manufactures qui emploieront les productions de la Province soient protégées d'une manière spéciale, et de préférence à celles qui n'emploieraient que des productions étrangères. »

Sur les Arts et Métiers, un vœu radical et gros de funestes con-séquences, émis par le Tiers-État : « que les maîtrises d'arts et métiers soient supprimées ! » Je me suis, en général et jusqu'à présent, interdit d'apprécier. Ici, vous ne me pardonneriez pas si je ne disais brièvement : il fallait réformer, améliorer et non dé-truire.

Le Tiers-État, sans aucun doute, était mieux inspiré lorsque, dans l'intérêt du Commerce national, il demandait « que les douanes intérieures, les droits perçus aux entrées et sorties » des Provinces « soient supprimés et remplacés par des droits perçus à l'entrée du Royaume. » Dans le même intérêt, la Noblesse avait exprimé le désir « que les lois contre les Banqueroutiers soient renouvelées, et qu'on veille à leur exécution avec plus d'attention que par le passé. »

C'est dans son Cahier seulement que je retrouve trace de quelque préoccupation de la question agricole. Elle veut qu'il soit permis de faire des baux à long terme, sans payer aucun droit ; elle appelle l'attention des États-Généraux sur l'utilisation des terres communales, et charge ses Députés de demander que, pendant trente ans, les terrains plantés en bois ou nouvellement mis en culture soient dégrevés de toute taxe.

J'ai fini, Messieurs, et j'aurais voulu le faire plus rapidement, l'examen qui m'avait été confié. Vous avez saisi, sans que j'aie eu à les marquer une à une, les différences ou les ressemblances qui existent, sur les mêmes sujets, entre la pensée de nos pères et vos propres pensées. Il y a, si je ne m'abuse, dans cette comparaison qui s'établit d'elle-même, un enseignement de haute valeur.

J'ai fini, dis-je, et cependant j'ai encore là, minutieusement recueillis, bien des vœux divers qui ne rentraient dans aucun des compartiments de mon cadre, et que j'osais me proposer, si le temps n'avait volé plus rapide que ma parole, de servir comme hors-d'œuvre à votre infatigable attention. Je les mets de côté pour la plupart, mais souffrez que j'en excepte deux du sacrifice. Je les emprunte au Cahier de la Noblesse.

L'un, qui a dormi pendant cent ans dans l'oubli, mériterait d'être repris et réalisé de nos jours. Il est ainsi conçu : « Les Députés voteront pareillement pour que, par les soins des États Provinciaux de chaque Province, il soit élevé dans la capitale de chacune un monument sur lequel seraient gravés les noms de tous les Citoyens *de tous états* de la Province, lesquels ayant bien mérité de la Patrie, auraient été reconnus dignes de cette flatteuse distinction. » Ce n'est pas un modèle de rédaction assurément, mais il se dégage des replis de ce style lourd une grande et belle pensée. Je la livre aux initiatives généreuses ; à elles de la faire fructifier.

L'autre vœu.... Oh ! celui-là est bien bizarre, et voilà que j'hésite presque à vous le lire.... « Que le Corps des Ponts et Chaussées soit supprimé, comme onéreux par les dépenses qu'il occasionne et nuisible par les entraves qu'il apporte dans la confection des ouvrages publics, sauf à pourvoir à l'instruction des élèves ingénieurs par une école.... payée par les Provinces, et de laquelle elles tireraient par la suite les Ingénieurs à employer par elles.... destituables à leur volonté. » Vous vous demandez de quels méfaits avait pu se rendre coupable, envers la Noblesse du Berry, le corps des Ponts et Chaussées de 1789, pour qu'elle le traite ainsi ; je me le demanderais avec vous, si quelques réminiscences des disputes de l'Assemblée Provinciale avec les Ingénieurs d'alors, ne me livraient très vraisemblablement la clef de ce petit mystère. Quoi qu'il en soit, vous me faites assurément l'honneur de ne point supposer que je veuille vous donner ce vœu comme un type imitable. Mais pourquoi le citer? Uniquement pour vous dire combien j'estime heureux qu'il soit resté inexécuté, et qu'aux mille destructions de l'époque révolutionnaire le corps voué à la suppression par nos imprudents compatriotes ait échappé, fécond jusqu'à nos jours en hommes d'une rare distinction et d'un éminent mérite. Le nom d'un de ces hommes, présent au milieu de nous, est sur toutes les lèvres. Sans que j'aie eu à le prononcer, vous avez tous compris que je désigne le Président si zélé, si dévoué, si compétent du Comité d'organisation[1], aux soins incessants duquel est due la réussite de cette assemblée. Grâce à lui, l'un des désirs de notre Tiers-État, que je vous ai rappelé, se trouve, à cent ans de sa date, réalisé textuellement. États provinciaux temporaires du Berry, notre réunion a été autant que possible « organisée de la même manière que ceux nouvellement rétablis dans la province du Dauphiné, » à Romans, à l'occasion du Centenaire, et, coïncidence merveilleuse, cette organisation est l'œuvre d'un Dauphinois d'origine, naturalisé Berruyer autant par les services rendus que par les sentiments qu'il a su nous inspirer. Je ne puis mieux terminer, Messieurs, qu'en lui adressant en votre nom à tous, et dans toute l'effusion de nos cœurs, l'expression de la gratitude universelle.

[1] M. de Lafont, Ingénieur en Chef des Ponts et Chaussées en retraite, à Bourges.

PIÈCES ANNEXES

RAPPORT

SUR LA RELIGION, LA FAMILLE, LES MŒURS ET L'INSTRUCTION

Par M. C. de Boismarmin.

Nous avons, Messieurs, commencé, comme vous le savez, nos études sur le Centenaire, par une enquête générale de la situation. Cette enquête, faite auprès des personnes les mieux à même de nous renseigner et puisée aux meilleures sources, a permis de constater une situation grave de décadence dans la religion, la famille et les mœurs.

Cette décadence porte sur beaucoup de points; on peut la résumer, en examinant notre situation par rapport à la pratique des diverses vertus : théologales ou morales. A propos des premières, il n'est pas difficile de reconnaître que le niveau religieux qui exprime leur intensité, a singulièrement baissé dans les masses. Nous sommes la nation impie par excellence : nos lois, nos mœurs tendent à exclure de plus en plus la notion de Dieu.

Quant aux vertus morales, tempérance, prudence, justice et force, l'examen n'en est pas plus satisfaisant. Peut-on dire que nous soyons tempérants, quand nous voyons les progrès du sensualisme, l'amour du luxe dans toutes les classes de la Société. L'abus de plus en plus grand des boissons alcooliques et du tabac, sans parler des ravages de la prostitution.

Pratiquons-nous la vertu de prudence? nous qui vivons au jour le jour, en changeant constamment de gouvernement et de constitution; nous qui sous la menace imminente d'une révolution sociale terrible, nous en préoccupons à peine?

Parlerai-je de la justice ? Mais notre nation ne sait plus rendre à Dieu l'hommage qui lui est dû, ni à l'autorité paternelle le respect indispensable. La criminalité va toujours en augmentant, de même que les délits et les dissentiments portés devant les tribunaux. Le suicide devient si commun que le nombre en France a quadruplé depuis soixante ans.

Verrons-nous au moins la vertu de force pratiquée parmi nos concitoyens ? Hélas !

L'un des meilleurs criterium qui puisse faire juger de la force dans une nation est assurément sa virilité, son aptitude à élever de nombreux enfants. Nous sommes à cet égard dans la plus déplorable situation. La natalité en France diminue chaque jour. Elle est descendue progressivement depuis le commencement de ce siècle, de façon à ne plus donner annuellement que 24 enfants par 1,000 individus, tandis que dans tous les autres pays d'Europe, elle se maintient à 38 par 1,000 environ.

Je ne puis ici résister au désir de citer un éminent penseur, le R. P. Monsabré, parlant des peuples sur le point de s'éteindre[1] :

« Ces derniers trompent l'œil encore par une prospérité factice.
« En tronquant les familles, ils enflent les fortunes individuelles,
« ils créent un mouvement d'affaires, de luxe, de plaisirs et je ne
« sais quels raffinements de civilisation, qu'on prend pour de la
« vie.

« Mais la vraie vie s'épuise dans les abjects calculs qui limitent
« la fécondité.

« Là où l'on a peur des enfants, la population décroît. Là où
« la population décroît, on la voit se cramponner avec une avidité
« égoïste à sa part de biens, grossie par les absences, et l'on n'a
« bientôt plus, ni assez de mâles poitrines, ni assez de cœurs
« généreux à opposer aux innombrables et besoigneuses légions
« que lancent sur un peuple stérilisé les peuples prolifiques.

« Que si l'étouffement ne se produit pas sous le coup d'une bel-
« liqueuse invasion, il sera le résultat des infiltrations pacifiques.

« Le pays dont la population décroît, incapable de suffire par
« lui-même aux exigences de sa vie molle et corrompue, se laisse
« petit à petit envahir par les étrangers qui lui envoient leur
« trop plein.

« Hier, ils étaient des centaines, ils sont aujourd'hui des mil-
« liers, demain ils seront des millions, et à force de se multiplier,
« ils rempliront la terre hospitalière où se sont abattus leurs
« essaims et se substitueront au peuple qui ne voulait plus croître.

« Est-ce que nous ne les sentons pas autour de nous?

« Depuis longtemps cette idée me poursuit comme un cauche-
« mar, et je me demande s'il n'y a pas à l'heure qu'il est, un peu-

[1] R. P. Monsabré. — *Le Mariage chrétien.*

« ple à qui Dieu pourrait dire comme le vieux Jacob à son fils :
« Ruben, mon aîné, toi, ma force et la cause de ma douleur, toi
« le premier dans les dons et le plus grand dans l'autorité, tu as
« perdu ta vie, tu l'as répandue comme l'eau. C'est fini, tu ne
« croîtras plus. »

Il est inutile de s'appesantir plus longtemps sur ces effrayantes considérations, mieux vaut, puisque Dieu a fait les nations guérissables, examiner les remèdes ; et *hâtons-nous* en songeant à cette parole prophétique de Bonald : La France, l'aînée des nations révolutionnées, sera la *première* à renaître ou à périr.

Ici, Messieurs, je dois vous dire que nous ne rencontrons plus tout à fait la même unanimité dans l'enquête.

En effet, si l'on considère l'ère révolutionnaire dans laquelle nous sommes entrés il y a cent ans, comme une suite nécessaire et fatale de l'ancien régime, ainsi que l'entend M. de Tocqueville et autres, on ne peut pas envisager les remèdes opposables au mal du même œil que Joseph de Maistre, par exemple, ou Mgr Freppel qui affirmait tout dernièrement encore, avec l'autorité de son caractère, de son savoir et de son talent que la Révolution était une rupture violente avec le passé et l'évènement le plus funeste de notre histoire nationale.

Pour nous, l'œuvre que nous avons à faire étant une œuvre de réparation, mais aussi une œuvre d'apaisement, nous avons cru devoir nous borner à l'expression de vœux susceptibles de satisfaire à peu près l'opinion unanime des gens de bien, sans sacrifier aucun de ces principes que nous tenons à honneur de défendre, ni sans avoir non plus la prétention de doter la France d'une nouvelle constitution.

Si nous sommes modérés dans l'expression de nos vœux, ce n'est pas (je m'empresse de le dire) que nous n'en ayons point d'autres dans l'esprit et dans le cœur, mais il nous a paru sage à l'heure actuelle de se borner à ce strict minimum. Il répond d'ailleurs à nos besoins les plus urgents.

Le premier de tous nos vœux demande aux pouvoirs publics de reconnaître hautement l'existence de Dieu et l'importance du décalogue qu'il a promulgué, fond commun de la morale et de la religion chez tous les peuples.

Il nous a paru indispensable de commencer ainsi. C'est là le pivot fondamental de toute réforme. Il est même devenu d'autant plus nécessaire de s'étayer dessus, que depuis longtemps des

efforts en sens contraire ont été faits avec une extrême persévé-
rance. Nous en voyons aujourd'hui les effets les plus désastreux.

... Dans un pays démocratisé comme le nôtre, il est indispensable que la notion de Dieu et de son domaine sur l'humanité
émane des pouvoirs publics, puisque les pouvoirs publics sont les
seuls sommets émergeant du sein des masses égalitaires.

Là où la perversion est complète, cette reconnaissance de Dieu
et du décalogue éternel pourra avoir peu d'effet, mais parmi nos
populations simples et honnêtes —, et il y en a beaucoup encore
en France — elle aurait une portée très considérable.

Nous demandons que le repos dominical soit observé par les
administrations publiques et encouragé dans l'ordre des intérêts
privés. C'est un vœu qui a son côté social aussi bien que son côté
religieux. Il semble qu'à notre époque de surproduction en tant
de choses, il serait aussi juste que rationnel d'accorder aux
ouvriers français, souvent sans ouvrage, une faveur dont jouissent
depuis longtemps les nations les plus prospères. Il suffit de citer
les États-Unis, l'Allemagne, la Suisse et surtout l'Angleterre où
le grand historien Mac-Aulay s'exprimait ainsi devant le Parlement.

« Nous, Anglais, ne sommes pas plus pauvres mais plus riches,
« parce que depuis des siècles nous donnons au repos un jour
« sur sept. Cette journée-là n'est pas perdue.

« Pendant que l'industrie s'arrête, que la charrue se repose
« dans le sillon, que la Bourse est silencieuse, que la fabrique
« laisse éteindre ses fourneaux, il se fait un travail tout aussi
« important au bien-être des nations que celui qui s'accomplit
« dans les jours ouvrables. L'homme, cette machine des machines
« répare ses forces et retourne le lundi à son travail avec l'esprit
« plus lucide, le cœur plus satisfait et une nouvelle vigueur
« physique. » Nous terminons enfin les vœux relatifs à la religion
en demandant l'observation loyale du Concordat, la liberté pour
l'Église et les associations religieuses et le droit de posséder suivant le droit commun ; la liberté des processions et des manifestations traditionnelles de la religion catholique.

Les doctrinaires de la Révolution française ont beau déclarer
solennellement que tous les hommes naissent et demeurent
libres, c'est là, comme le dit Mgr Freppel, une vaine déclaration
qui ne tient pas devant l'idée révolutionnaire de la toute-puissance de l'État.

On n'est pas libre quand, de quelque côté qu'on se tourne, on vient se heurter à ce pouvoir omnipotent qui prétend ne rien laisser en dehors de sa sphère d'action ; un père n'est pas libre quand c'est l'État qui lui impose le genre d'éducation qu'il devra donner à ses enfants, contrairement à ses opinions religieuses.

Une fabrique n'est pas libre lorsque, pour accepter une simple fondation de messe, elle a besoin de l'autorisation du Conseil d'État qui peut l'accorder ou la refuser à son gré [1].

Il est étrange qu'à notre époque, dite de liberté, on soit obligé d'avoir à exprimer de tels vœux.

Il le faut cependant, puisque nous ne possédons guère, comme l'appelle M. Goumy, que la grande truanderie des libertés malfaisantes : liberté du cabaret, liberté du mauvais lieu, liberté de l'alcoolisme, liberté de l'outrage à tout et à tous, liberté de la pornographie, liberté du nihilisme... toute une cour de miracles [2].

FAMILLE ET MŒURS

La famille se forme par le mariage. Selon la coutume universelle du genre humain, c'est à la religion qu'il appartient de consacrer cette solennité.

En France, c'est le représentant de l'État qui préside la cérémonie sans laquelle le mariage est considéré comme n'existant pas.

Le rôle du prêtre apparaît aux yeux de la foule comme complètement subordonné, et le respect de la religion s'en va, s'en parler des autres inconvénients. Aussi proposons-nous l'abrogation des articles 199 et 200 du code pénal édictant des peines sévères contre les ministres des cultes qui auraient procédé à un mariage religieux avant la comparution des futurs devant l'officier de l'État-civil.

Il y a donc nécessité de réformer la législation française sur le mariage et de trouver, en négociant avec le Saint-Siège, une transaction qui sauvegarde les intérêts civils sans blesser la foi catholique.

Bien des voix éloquentes, depuis M. de Bonald jusqu'à M. Lucien

---

[1] *La Révolution française*, par Mgr Freppel, p. 49.
[2] *La France du Centenaire*, par M. Goumy.

Brun, ont flétri la loi du divorce et ont dénoncé ses conséquences anti-sociales.

Le divorce affaiblit le caractère auguste que doit revêtir le lien conjugal en le transformant en une liaison éphémère, comme le dit l'un de nos éminents compatriotes ; il rend, par conséquent, plus faciles, des engagements qui, n'étant plus perpétuels, effraient moins les esprits légers ; il donne aux époux peu aptes à se plier aux exigences du mariage, le moyen de contracter de nouvelles unions tout aussi peu heureuses.

Enfin, il place les enfants issus de ces unions passagères dans une situation équivoque ; l'exemple qu'ils ont sous les yeux, l'abandon moral dans lequel ils seront fatalement laissés, les conduiront plus tard à suivre les leçons qu'ils auront reçues [1].

Aussi nous verrez-vous demander l'abrogation de la loi sur le divorce.

La séduction en France, qui n'appartenait guère, aux deux derniers siècles, qu'aux mœurs des hautes classes, est descendue aujourd'hui dans la masse de la nation.

Aucun père de famille, à moins d'une dure nécessité, n'ose confier ses filles à la foi publique, et les familles pauvres, obligées de tirer parti du travail de tous leurs bras, doivent, sous peine de mourir de faim, exposer leurs filles sans défense, à toutes les chances de corruption. Et pourtant, Montesquieu écrivait : « il y a « tant d'imperfection attachée à la perte de la vertu chez la « femme, toute leur âme en est si fort dégradée ; ce point princi- « pal ôté, en fait tomber tant d'autres, que l'on peut regarder, « dans un état populaire, l'incontinence publique comme le der- « nier des malheurs [2]. »

Aussi croyons-nous qu'il conviendrait de revenir à l'esprit de nos anciennes coutumes et à la pratique de la plupart des peuples, par une législation permettant la répression de la séduction.

Nous vous proposerons d'émettre des vœux relatifs à une répression plus sévère des productions immorales et attentatoires à la religion et au nombre trop considérable des cabarets.

On conçoit aisément la nécessité d'une réforme sous ce rapport.

Cette répression est indispensable pour la protection des enfants et en général de tous les êtres faibles qui sont incapables de ré-

[1] Urbain Guérin.
[2] *L'Esprit des lois*, l. VII, chap. VIII.

sister à l'attrait du mal, lorsque toutes facilités sont données à sa propagation.

Le nombre des débits de boisson s'est constamment accru depuis 1873. Il y a, aujourd'hui, en France, un débit en moyenne par 90 habitants.

En 1884, la consommation moyenne d'alcool par tête était de 4 litres en France et de 2 litres 1/2 en Angleterre seulement, tandis que 35 ans auparavant la proportion était renversée, la Grande-Bretagne consommait près de 3 litres et la France 1 litre 1/2 seulement.

Nous nous sommes également préoccupé, au point de vue de la famille, de nos lois successorales actuelles, qui obligeant au partage de chaque nature de bien, nuisent singulièrement à la conservation du foyer paternel.

Nous réclamons, notamment avec M. le comte de Mun et tant d'autres esprits éminents, l'abrogation des articles 826-832 du code civil qui prescrivent ce partage, et de l'article 1079, relatif aux partages faits par ascendants. Ainsi le partage fait par le père fut-il accepté par tous les enfants peut être attaqué ensuite pour cause de lésion en vertu de cet article. Il suffit que cette lésion soit pour l'héritier qui réclame de plus du quart de ce qu'il aurait reçu si l'égalité avait été rigoureusement observée ; de telle sorte que la moindre erreur dans l'appréciation de la valeur d'un lot attribué à l'un des cohéritiers suffit pour dépasser le *quantum* au delà duquel la lésion entraîne la rescission du partage.

Enfin, et comme si l'on voulait rendre absolument impossible l'usage du partage d'ascendants, pour savoir s'il y a ou non lésion, la Cour de cassation décide qu'il faut examiner la valeur des biens non pas au moment où la donation portant partage a été faite et acceptée, mais au moment du décès de l'ascendant.

Ainsi l'héritier à qui un lot a été attribué du consentement de tous, y aura consacré son travail et ses économies, n'importe, il perdra tout le bénéfice des plus-values réalisées. Il y a là fréquemment matière à d'odieuses spéculations.

A l'occasion de l'agriculture qui est plus directement intéressée à une modification de la législation successorale, ces vœux se reproduiront. Je dois ajouter que si nous ne demandons pas plus, si nous ne réclamons pas une plus grande liberté testamentaire que celle conférée par le code, ce n'est point que ce vœu n'ait été formulé très souvent dans l'enquête ; mais nous n'avons pas voulu soulever une question irritante au premier chef.

N'oublions pas qu'il y a encore en France nombre de familles de paysans et de petits propriétaires, surtout dans le midi (les travaux de Le Play, qui en font foi, parlent de milliers), désireuses de conserver leurs vieilles traditions. Ces familles luttent contre les tendances du code civil et cherchent à éluder par des dispositions occultes le texte fatal de la loi, mais elles s'exposent à des procès ruineux, et beaucoup finissent par succomber.

Espérons que nous pourrons un jour aborder cette question capitale et la résoudre dans le sens où l'ont résolue la plupart des peuples prospères. Ne voyons-nous pas d'ailleurs en ce moment le Mexique répudier le partage successoral tel qu'il l'avait adopté en s'inspirant du code Napoléon et, depuis longtemps, pour revenir à la pratique de la liberté testamentaire ? [1]

Le dernier des vœux, relatif aux mœurs, vise le duel dont il demande la répression. Si nous avons émis ce vœu, ce n'est point que les tribunaux français soient entièrement désarmés vis-à-vis des duellistes, mais en fait le duel est à peu près toléré, pour ne pas dire plus. Dans l'armée vous n'ignorez pas que le duel est parfois exigé.

Le duel ne lave, en aucune façon, l'honneur des gens qui croient devoir risquer leur vie et celle de leur adversaire. Il est absolument condamné par l'Église et par l'ensemble des législations étrangères. Si dans notre province du moins cette coutume barbare est à peu près inconnue aux civils, nous croyons devoir la condamner néanmoins, pour sauvegarder nos fils qui, maintenant, passent tous un certain temps sous les drapeaux.

INSTRUCTION

Je dois, aussi Messieurs, faire devant vous le rapport sur les vœux relatifs à l'instruction.

Permettez-moi d'être bref et d'exposer simplement les immenses inconvénients du système inauguré par la Révolution devenu intolérable depuis les dernières lois scolaires.

En effet, ce qui appartient en propre à la Révolution française en matière d'instruction, comme le dit l'illustre évêque d'Angers,

[1] Voir *Réforme sociale*, nº du 16 avril 1889.

c'est une conception absolument fausse, celle de l'État enseignant,
du monopole et de la centralisation universitaire.

« L'État enseignant ! A moins que nous ne soyons voués au
« plus effrayant et au plus absurde de tous les despotismes, j'es-
« père bien que dans cent ans d'ici, on ne comprendra plus qu'une
« pareille erreur ait pu s'emparer de l'esprit d'un peuple.

« Je l'ai dit vingt fois à mes contemporains sans avoir jamais
« trouvé une réfutation, et je ne cesserai de le répéter : Quoi qu'aient
« pu en dire Condorcet, Lakanal et tant d'autres, la fonction édu-
« catrice n'entre nullement dans l'idée de l'État qui est un pouvoir
« de gouvernement et non pas un pouvoir d'enseignement.

« On a beau presser en tous sens les divers pouvoirs qui cons-
« tituent l'État : le pouvoir législatif, le pouvoir exécutif, le pou-
« voir judiciaire, jamais l'on n'en fera sortir la fonction
« éducatrice.

« Que l'État exerce à cet égard une mission de surveillance,
« d'encouragement et de protection, à la bonne heure ; mais vou-
« loir enseigner toute la jeunesse d'un pays et la jeter dans un
« seul et même moule, alors que l'on n'a pas et que l'on fait pro-
« fession de ne pas avoir de doctrine d'État, ni en religion, ni
« en philosophie, ni en histoire, ni dans tout le reste, c'est le
« comble de l'absurdité.

« Cette absurdité inhérente au système d'éducation de la Révo-
« lution française, a pour conséquence nécessaire le monopole
« et la centralisation universitaire.

« Ici nous réclamons contre l'idée conventionnelle reprise par
« Napoléon au nom de la science elle-même qui vit de liberté
« et non pas d'uniformité, qui sous peine d'être mise en état d'in-
« fériorité vis-à-vis de l'étranger, demande à n'être pas entravée
« par la bureaucratie dans ses programmes et ses métho-
« des[1]. »

Un illustre chimiste, M. Dumas, rappelait de même à l'Académie des sciences, il y a sept ans, qu'avant la Révolution les
Universités françaises étaient indépendantes comme le sont
aujourd'hui celles des autres pays.

Il ajoutait : « que le système adopté depuis soixante ans dans
notre pays, pour la discipline de l'enseignement supérieur, cons-
tituait une cause permanente de décadence et d'affaiblissement. »

[1] *La Révolution française*, p. 120.

Et pourquoi, parce qu'il n'est pas bon reprenait-il, que tous les établissements d'instruction supérieure soient soumis au même régime, aux mêmes programmes.

Il n'est pas bon qu'ils aient tous à demander à un centre commun le mouvement intellectuel et les ressources matérielles. En Suisse, en Suède, en Allemagne, en Angleterre, aux États-Unis, des Universités nombreuses, diverses dans leur origine et dans leurs tendances, prospèrent au contraire sous des conditions de vie propre et d'autonomie.

Le grand savant concluait ainsi :

« Rendons à nos Universités, sous la surveillance de l'État, cette indépendance dont elles jouissaient avant la première Révolution. Les grands hommes que cette époque a vu surgir sont autant de glorieux témoins qui attestent devant l'histoire la force des études et la vigueur de la discipline de ce libre enseignement de nos pères[1] »

- Il m'est impossible de ne pas rappeler, au moins d'un mot, l'Université de Bourges qui réunissait dans notre ville autrefois quatre Facultés : de théologie, de droit, de médecine, des arts et métiers, et avait de nombreux élèves. Cette institution, qui a rendu à notre province dans le passé les plus éminents services, a disparu, comme tant d'autres, dans la tempête révolutionnaire. Si elle pouvait renaître, qui parmi nous n'en serait heureux et fier?

Enfin, si nous étions assez compétents pour parler de chiffres; en alignant les millions toujours croissants exigés pour le service de l'enseignement primaire laïque ; si l'on y ajoutait les dépenses nécessitées par l'enseignement secondaire et par l'enseignement supérieur; si l'on calculait l'intérêt des sommes affectées aux constructions scolaires et qui se montent à 1,300 millions; si l'on additionnait la part contributive des communes et des départements, vous verriez, Messieurs, à quelle somme fantastique on arriverait. M. Momiron, dans le remarquable rapport du Comité de Saint-Amand, ne craint pas de fixer à plus d'un demi-milliard le prix annuel de l'enseignement de l'État.

En regard de cette somme énorme exigée des contribuables mettons ce fait : c'est l'État et l'État seul qui dirige l'instruction. Dans la question capitale de l'enseignement de ses enfants, le peuple d'une commune n'a plus conservé qu'un droit : celui de payer. Est-ce tolérable?

[1] Académie des sciences, 13 mars 1884.

Et pourquoi cet effort gigantesque, pourquoi ces millions jetés à profusion depuis dix ans? J'ai en vue surtout l'instruction primaire. Oh ! c'est bien simple.

Permettez-moi ici d'emprunter la réponse au rapporteur de Saint-Amand en le citant à peu près textuellement :

« Robespierre avait dit crûment :

« La patrie a le droit d'élever ses enfants ; elle ne peut confier « ce dépôt à l'orgueil des familles ni aux préjugés des parti-« culiers, aliments éternels de l'aristocratie et d'un fédéralisme « qui rétrécit les âmes en les isolant. » Nos modernes Jacobins ont déclaré ceci : Nous voulons l'école neutre. L'instruction doit être donnée en dehors de toute doctrine confessionnelle.

Mais puisque partout en France l'immense majorité appartient au culte catholique, il n'y a pas à craindre que la liberté de conscience soit violée. Pourquoi innover?

« Mais comme c'était justement le culte catholique qu'il s'agis-« sait de frapper, les raisons qui auraient dû faire repousser la « loi devinrent au contraire (dans l'esprit du législateur) ses plus « fermes soutiens, et l'on décida que puisque les Français sont « catholiques, il fallait que leurs enfants ne le fussent pas.

« Par application de la même logique, puisque beaucoup de « Français, et le nombre en va croissant, restent rebelles à l'idée « républicaine, il fallait, même contre leur volonté, faire de leurs « enfants les partisans dévoués mais inconscients du régime « actuel. »

Au fond il n'y a pas autre chose. Pouvons-nous subir une oppression pareille?

Les résultats de l'enquête d'ailleurs à laquelle nous nous sommes livrés sont absolument concluants. Partout on se plaint de la loi qui exclut l'enseignement religieux des écoles publiques et qui aboutit à des résultats déplorables au point de vue social et familial.

C'est donc en nous inspirant de tous ces graves motifs, que nous avons cru devoir émettre les vœux qui vont vous être soumis et dont voici les principales dispositions.

Abolition du monopole de l'État. Liberté de fondations d'universités régionales et indépendantes au point de vue de leur administration, des méthodes et des programmes.

— Nous réclamerons aussi pour les pères de famille le droit de statuer sur le choix des maîtres dans les écoles primaires.

DISCOURS

SUR LES POUVOIRS PUBLICS ET L'ASSISTANCE PUBLIQUE

Par **M. Edmond Charlemagne.**

Messieurs,

Dans notre enthousiasme superbe pour le présent, ses richesses, ses merveilleuses découvertes, nous avons trop longtemps dédaigné et les leçons de nos pères et l'exemple des autres nations, comme si le monde datait de 1789 et s'arrêtait à nos frontières. A la veille de l'année terrible, les nouveaux Girondins, imbus de je ne sais quelles légendes sur les volontaires de 1792, sur l'improvisation de la victoire, sur la ligue des peuples contre les rois, imposaient silence à la voix prophétique d'un ministre de la guerre qui eut le bonheur de mourir avant les sombres journées. Le soldat prussien serait-il à Strasbourg si nos implacables ennemis, au lieu de concentrer toutes leurs pensées, toutes leurs forces, tous leurs travaux vers un même but, avaient placé leur confiance suprême dans un hymne patriotique ? L'infortune est quelquefois le commencement de la sagesse. Aussi ma génération, qui a grandi au milieu de ces événements lamentables, salue-t-elle de ses applaudissements un historien contemporain qui s'est attaché à discerner la réalité de la fantaisie, la vérité de l'erreur. Or, la vérité, c'est que la France fut la première des puissances continentales à formuler les principes du droit moderne, mais qu'elle n'a pas su achever son œuvre. Semblables aux abeilles dont toutefois nous ne possédons pas le sage gouvernement, c'est pour d'autres que nous avons travaillé. Pendant que les réformes de 1789, réformes nécessaires demandées par les cahiers de la nation, s'acclimataient peu-à-peu à l'étranger, en se greffant sur les traditions séculaires, nous étonnions le monde entier, deux fois en moins d'un siècle, par le honteux spectacle de la Terreur et de la Commune, en préparant le chaos dans lequel nous agonisons aujourd'hui. Et pourtant que de ressources cachées, que d'ardeurs généreuses en ce noble pays de France, le plus beau, a-t-on dit, après le royaume des cieux ! Hélas ! ne savons-nous pas que les enfants gâtés sont toujours les enfants terribles et que tout leur sert de jouet ?

La politique n'a jamais été de mon domaine. Est-ce ma faute si elle envahit et stérilise le terrain des affaires, le seul sur lequel nous vous avons donné rendez-vous ? Comment taire le mal qui nous ronge et qui fait que nous jetons à l'écho un long cri de désespérance ? Notre parlementarisme, puisqu'il faut l'appeler par son nom, ce n'est pas, comme on le proclame pompeusement, le gouvernement du pays par le pays, c'est la dictature des sectaires, la révolution en permanence, le régime des lois mal étudiées et inapplicables, des ministres qui se croient aptes à tout parce qu'ils ne sont aptes à rien ; c'est la diplomatie, c'est la défense nationale à la merci d'une intrigue ; c'est, enfin, le règne de l'agiotage qui parle en maître jusque sur les marches du pouvoir, partout où il trouve une conscience à acheter. Le marché est ouvert et la cote semble assez basse pour être à la portée de toutes les bourses. Sans avoir la force de nous indigner, nous nous habituons à la plus odieuse des servitudes, celle de l'argent, nous les fils de cette race vaillante et fière qui mettait l'honneur au-dessus des choses humaines. Lorsque je constate la corruption de nos jours, je ne confonds pas avec ce régime sans nom le gouvernement constitutionnel qui est celui de tous les peuples civilisés. J'ajoute même que la souveraineté parlementaire peut avoir son utilité et sa grandeur sous une monarchie ; car elle reste dans sa sphère, alors que le pouvoir exécutif est libre dans la sienne. Au contraire, le parlementarisme républicain, c'est-à-dire la confusion des autorités et le despotisme d'une assemblée, ne sort de l'imbécillité que pour se noyer dans le sang. Jadis les ministres représentaient des idées ; les noms de ceux-là sont sur vos lèvres. Ne me demandez pas de vous nommer leurs successeurs. Je sais seulement qu'ils ne représentent que les appétits d'une faction. Jadis il existait un Conseil d'État où le talent avait sa place. Aujourd'hui les projets de lois, modifiés par des amendements qui en détruisent l'économie, ne sont que des formules abstraites écloses dans le cerveau d'un rêveur. La toute-puissance des Chambres s'affranchit des règles les plus élémentaires : nos députés ne se contentent pas de voter pour un collègue absent qu'ils n'ont même pas consulté. Lorsqu'une erreur matérielle est reconnue dans un scrutin, le vote n'en demeure pas moins acquis et nous devons obéissance à la loi ainsi viciée par

des manœuvres frauduleuses. Telle est la moralité parlementaire.
Quand verrons-nous la grande représentation du travail, contre
laquelle nul ne protestera, car la voix du peuple sera véritable-
ment alors la voix de Dieu.

Si les conseils du gouvernement sont en proie à l'anarchie, en
revanche, la centralisation administrative étouffe le principe de
la vie communale et départementale, se substitue à la famille et
subordonne la province à Paris dont nous subissons et payons
les folies révolutionnaires, sans excepter celles qui se manifestent
devant l'ennemi. L'esprit bureaucratique impose des règlements
uniformes à toutes les communes, avec le dédain le plus absolu
pour les ressources, les besoins, les tendances des populations
agricoles. Je sais un village, des plus pauvres, doté d'une école
libre par plusieurs personnes charitables ; l'une des sœurs diri-
geait la classe, les autres soignaient les malades. Il fallut que la
commune se ruinât, afin d'élever un édifice qui, bien qu'à peu
près désert, se dresse en face de l'église comme la protestation
de l'athéisme. En effet, les radicaux de notre époque désavouent
leurs maîtres qui admettaient encore la religion pour les femmes
et les enfants.

Que dire de nos préfets et de nos sous-préfets, sinon que
le gouvernement les forme à son image ? Les plus sérieux
avouent, avec une candeur qui désarme, que leur seul souci
est d'assurer l'élection du candidat officiel, du dispensateur de
toutes les grâces. Pour qui votez-vous ? Voilà la seule question
que vous pose ce grand électeur qui a la tutelle de nos libertés.
Si vous avez à réclamer contre des opérations électorales falsifiées,
savez-vous quels seront vos juges ? Ce seront vos adversaires : le
Conseil de préfecture, présidé par le préfet, le Conseil d'État, la
Chambre dont la haute impartialité vous est connue. En général,
dès qu'une décision administrative viole vos droits, vous vous
trouvez dans l'alternative ou d'en accepter les conséquences, ou
de l'attaquer devant le ministre qui l'a inspirée ; et, comme on se
défie de l'indépendance des jurisconsultes qui siègent au tribunal
des conflits, on leur donne, pour président, le Garde des Sceaux.
A tous les degrés, la justice administrative n'est donc que la pa-
rodie de la justice. C'est de ce personnel et de son bon plaisir que
dépend la liberté individuelle, celle qui prime toutes les autres.
Nous nous croyons bien forts, parce que nous avons aboli les
lettres de cachet et que les mots sacramentels de la révolution

sont peints sur les murs. Ironie et vanité ! Qu'il plaise à un préfet de fermer derrière nous la cellule d'une prison, il trouvera des agents prêts à lui obéir et l'arbitraire se dissimulera sous une forme légale. Il est vrai que le haut fonctionnaire se garde bien d'user de ses prérogatives lors d'un crime vulgaire, d'un assassinat qui trouble profondément la région ; mais s'il s'agit de persécuter un adversaire, de saisir la correspondance ou la photographie d'un prince du sang, aussitôt le ban et l'arrière-ban des policiers entrent en campagne. Le salut public, c'est l'excuse dont la langue révolutionnaire couvre toutes les infamies.

Malgré ses défauts, notre organisation administrative eut sa raison d'être, lorsqu'un homme de génie reçut, au début de ce siècle, la mission de faire sortir une France nouvelle des ruines amoncelées de toutes parts. Le Directoire avait compromis l'unité et nous luttions contre l'Europe ; mais il n'entra jamais dans la pensée du Premier Consul de régler l'avenir par des décrets. Je vous l'ai dit, Messieurs, tous les peuples ont profité du mouvement de 1789 ; presque tous nous ont emprunté nos institutions en cherchant à les améliorer. En Prusse, le contentieux administratif appartient soit à des magistrats inamovibles, soit aux délégués des diètes provinciales et d'arrondissement. L'Italie accomplit sa grande réforme provinciale : le Conseil d'État est réorganisé ; ses membres ne sont révocables que pour des causes déterminées et sur l'avis de leurs collègues ; les conflits d'attribution restent confiés à la Cour de Cassation de Rome. De l'autre côté des Pyrénées, la magistrature se recrute par la voie du concours ou parmi les anciens officiers ministériels. Un tableau d'avancement, analogue à celui de notre armée, protége l'âge, le mérite, les droits acquis contre les faveurs ministérielles. La Belgique, qui nous avait précédés dans la voie de l'instruction obligatoire et laïque, est revenue à des doctrines plus sages. Instruite par l'expérience, elle a restitué l'enseignement à ceux que désigne le droit naturel, à la famille et à la cité. C'est le conseil municipal qui arrête le programme ; c'est lui qui, de concert avec le bureau de bienfaisance, dresse la liste des enfants pauvres admis à l'instruction gratuite. Il est libre ou de construire une école publique, ou d'adopter une école privée, ou même de concourir avec une municipalité voisine à l'entretien d'une école commune. Quelques-unes de ses décisions peuvent être réformées sur la demande des pères de famille. Pendant ce temps, nous sommes en quête de moyens ingénieux pour enlever à l'agriculteur ses dernières épargnes.

Puisque la politique prétend régenter jusqu'aux consciences, nous étonnerons-nous de son influence néfaste sur l'enseignement et sur l'assistance? Après les enfants, les pauvres et les malades tous ceux qui demandent protection et qu'il est le plus facile d'opprimer. « On a souvent besoin d'un plus petit que soi, » dit le fabuliste. Je tiens que nous avons tous besoin les uns des autres ; c'est la gloire du christianisme d'avoir proclamé le précepte de charité sur les débris de l'égoïsme païen. Dès que les persécutions eurent cessé, dès que la foi chrétienne put librement préparer le relèvement de l'humanité, un immense amour, inconnu de l'antiquité, traversa et réchauffa le vieux monde. Les évêques, ces défenseurs véritables des cités, prenaient en main la cause de tous les deshérités ; ils dénonçaient les procédures arbitraires et les magistrats prévaricateurs, employaient les revenus des églises au soulagement des infirmes, soulageaient toutes les misères morales et matérielles. Dans notre ancienne France, le clergé fut fidèle à ses traditions ; plus tard il partagea les attributions d'assistance avec les municipalités. Rappelez-vous les institutions de votre ville de Bourges dont les libertés remontent aux temps les plus reculés. L'hôpital était administré par des laïques que désignaient les échevins, et par des ecclésiastiques que choisissait l'archevêque. Au xvi⁰ siècle, le lieutenant général, les magistrats municipaux, les chanoines, quelques notables, organisèrent un bureau des pauvres. Chaque administrateur devait visiter son quartier, procurer du travail aux plus valides, apprécier la somme dont chaque famille aurait besoin pour la semaine suivante. Il faisait ensuite son rapport au bureau qui taxait les habitants aisés selon leurs facultés ; et, le dimanche à l'issue de la messe, les procureurs des paroisses distribuaient les aumônes aux indigents réunis autour de l'église. Sous l'assemblée provinciale, l'archevêque fonda un bureau et un atelier de charité. En 1783 le bureau donna plus de 15,000 livres de pain. L'atelier prêtait des rouets et du chanvre aux ouvrières qui, par son intermédiaire, vendaient le produit de leur travail. Les vagabonds étrangers étaient tenus de quitter la ville ; les incurables entraient dans un asile. Rien de ce qui touchait au bien-être de leurs concitoyens ne laissait les échevins indifférents. Ces magistrats veillaient à ce que le marché fût approvisionné de blé pour prévenir la disette ; ils poursuivaient les accapareurs, ce qui, paraît-il, n'est plus de notre temps, s'efforçaient de relever l'industrie locale, réclamaient contre l'importation du bétail étranger et demandaient l'amélioration des routes et de la navigation. Certain jour de Pentecôte, au son joyeux des cloches, quatre jeunes filles vêtues de blanc, escortées du corps de ville, gravissaient les marches d'une église. Le prêtre allait bénir leur union. Quelles étaient ces fiancées auxquelles le peuple faisait cortège ! C'étaient les plus pauvres de la cité. La ville les avait dotées.

Actuellement les membres des bureaux de bienfaisance et des commissions administratives, nommés par les préfets et les conseils municipaux, se délivrent un certificat de civisme quand ils ont expulsé des religieuses et écarté du lit d'un moribond les consolations dernières. Pour rechercher les pauvres qui se cachent, pour braver la maladie et parfois la mort, pour prodiguer des paroles d'encouragement à la famille qui pleure dans une froide mansarde devant son unique morceau de pain, est-ce donc trop de l'esprit d'abnégation que la religion inspire à ses élus ? Se passer de ce sublime dévouement dans un État catholique, c'est une utopie malfaisante dont le ridicule fait justice. Dans les campagnes, désertées par les médecins, non seulement l'indigent, mais encore le cultivateur meurent sans secours. Nous entretenons des dépôts de mendicité ; mais, ainsi qu'un de nos collègues, M. Brière, qui nous a lu un rapport très complet sur cette question, je me demande à quoi ils servent. Une jurisprudence préfectorale viole l'esprit de la loi, en respectant son texte, comme toujours. Aux termes du code pénal, dans les départements qui possèdent un asile, le mendiant même infirme, est passible d'une peine. La loi suppose que ce malheureux a pu être admis au dépôt et qu'il a préféré une existence vagabonde. Eh bien cette présomption est fausse. J'ai vu plusieurs fois un incurable, parvenu aux limites extrêmes de la vie, arrêté pour avoir tendu la main, déféré au tribunal qui, n'ayant pas le droit de l'acquitter, prononçait la condamnation la plus douce, ne pouvoir, malgré le rapport du parquet et les certificats du médecin, obtenir son admission. On réservait les places vacantes à ceux qui pouvaient travailler pour l'établissement départemental. Quant à l'autre, au vieillard, il continuait sa marche pénible à travers la campagne, jusqu'à ce qu'il fût arrêté de nouveau ou qu'il expirât de fatigue et d'épuisement le long d'une route, en maudissant la société qui le traquait comme une bête fauve.

Mais le remède, dira-t-on ? Le remède, c'est de se souvenir de ce que fut, de ce que doit être l'assistance, de conférer la personnalité civile aux fondations charitables, de laisser aux conseils municipaux et de fabrique la direction des secours à domicile et des établissements hospitaliers, ou de leur permettre de se syndiquer en groupes cantonaux, comme en Italie, en Angleterre et en Allemagne, de faire appel, en un mot, à tous les dévouements comme à toutes les bourses. C'est peu de venir au secours de la misère, il est mieux encore de la prévenir, en favorisant les confréries, les syndicats mixtes de patrons et d'ouvriers, toutes les associations libres, dans le but d'assurer aux vétérans du travail, du pain pour la vieillesse, pour les jours d'accidents et de maladies. Le dernier siècle a été celui d'une fausse philantropie. Puisse le nôtre, près de finir, nous faire entrevoir la réalisation de ce rêve et racheter ainsi ses erreurs !

Je dois clore ce trop long exposé. Vous allez entendre la lecture de nos vœux et je suis certain que vous les acclamerez. Nous demandons que le gouvernement cesse d'être une fiction mensongère, que l'armée, la magistrature, les intérêts supérieurs du pays échappent aux vicissitudes de la politique, qu'une large décentralisation nous rende les libertés nécessaires à l'exercice de nos devoirs, que le législateur favorise le développement des classes laborieuses qui se confond avec l'avenir même de la patrie. Le temps fera mûrir la semence que nous confions à la terre. Nous ne sommes que les ouvriers d'une heure. Demain appartient à Dieu.

RAPPORT SUR L'ARMÉE

Par M. de Pomyers.

Messieurs,

Les habitudes françaises, depuis la Révolution, donnent généralement pour chef à l'armée, le ministre de la Guerre.

Ce fait peut se justifier, lorsque le ministre n'est autre que l'officier le plus élevé en grade ; celui que ses services et ses talents imposent au respect de tous. Telle fut souvent la haute personnalité de nos ministres. Cependant il n'en a pas été de même à toutes les époques, et on a souvent vu aussi comme ministres de la guerre des officiers doués de qualités administratives, mais non encore parvenus au sommet de l'échelle. Actuellement même, les évènements font arriver à ce poste des officiers de mince relief et parfois des personnes non militaires. Ces choix secondaires, qui ne créent pas de danger lorsqu'il existe un véritable chef d'armée comme un roi de France, comme Napoléon Ier, en ont de fort graves en temps de République. La confusion des pouvoirs et les fluctuations politiques amènent à la tête de l'armée celui que les caprices seuls du parlementarisme ont appelé à participer à la responsabilité d'un cabinet renversable à merci. Avec de tels choix et une telle instabilité, comment exiger d'autre respect que celui de pure forme ? Comment suivre une idée ? comment réaliser un progrès ?

Une telle erreur, qui se démontre de nos jours par l'absurde, est si manifeste qu'elle justifie amplement notre premier vœu.

Passons au recrutement :

Le principe actuel du recrutement, par service obligatoire pour le temps de paix, a des effets fâcheux au point de vue militaire, social, économique et politique.

Au point de vue militaire. Si nous considérons les officiers, nous constatons qu'ils ont un double devoir à remplir : former et instruire les jeunes citoyens en leur donnant le savoir militaire, et en leur inculquant des sentiments d'honneur et de patriotisme, et ensuite conduire au combat les soldats qu'ils ont formés. Dans ces deux missions, le rôle de l'officier est d'autant plus important que le nombre des recrues est plus grand et que le service est de plus courte durée. Or le service obligatoire entraîne au contraire une diminution de la valeur moyenne des officiers. En effet beaucoup de jeunes gens, qui n'auraient pas été poussés dans la carrière militaire, ni par leurs goûts, ni par leurs traditions de famille, cherchent à devenir officiers pour éviter les corvées du soldat. D'autre part, la grandeur croissante des effectifs exige un nombre croissant d'officiers, et les cadres ne se remplissent qu'en y admettant une foule d'hommes qui ne seront jamais à hauteur de leurs obligations.

Quant à la troupe, le service obligatoire pour tous en temps de paix, entraîne la réduction de la durée de présence. Il est, par suite, de plus en plus difficile de donner au soldat une bonne instruction militaire ; et l'esprit de discipline est détruit par l'idée égalitaire, qui inspire toutes les lois modernes, et qui, dans les lois militaires elles-mêmes, se dresse à chaque instant comme un obstacle à l'autorité du commandement.

Au point de vue social. Il est inadmissible, en considération des principes de droit naturel de liberté, de justice et de religion, qu'une loi puisse forcer tous les citoyens d'un pays à exercer le métier de soldat. Si des enrôlements volontaires ne suffisent pas à composer les armées ; s'il faut opposer la nation entière aux agressions de l'étranger, on admettra le service pour tous en temps de guerre. Il faut sans doute alors une certaine préparation pour les citoyens, mais une courte préparation dont seront dispensés les catégories que retiennent d'autres devoirs sociaux, et avant tous les ministres de la religion.

Quant à l'armée permanente, nécessaire en temps de paix, chargée de former des cadres pour le temps de guerre, elle devrait être en principe composée de volontaires, et portée à l'effectif nécessaire au moyen d'un contingent annuel astreint à un service de longue durée. Ce contingent serait obtenu par voie de tirage au sort avec admission de la substitution et du remplacement organisés dans des conditions suffisantes de moralité.

Le service obligatoire pour tous en temps de paix est aussi mauvais pour l'organisation sociale que pour la qualité de l'armée. Il cause une perturbation générale. Il enlève les jeunes gens à leurs études, les ouvriers à l'industrie et les colons à l'agriculture, sans parler de la moralité qui a généralement à subir de rudes atteintes.

Au point de vue économique. Le principe actuel de recrutement est une cause de ruine pour la nation, par les dépenses exorbitantes que le budget doit consacrer à l'entretien en temps de paix d'effectifs trop nombreux. C'est une cause indirecte de ruine par les habitudes de paresse et de plaisirs funestes que rapportent les hommes au sortir de l'armée. L'agriculture surtout souffre de cet état de choses, parce que les jeunes gens de campagne, attirés par l'appât de gros salaires, que gagnent assez facilement les ouvriers des villes, ne veulent plus aller reprendre le labeur ingrat et mal rétribué de la vie rurale.

Au point de vue politique. L'armée, que donne la courte durée de présence obligatoire, n'assure pas le maintien de l'ordre, comme le feraient des troupes disciplinées par un long service. Les hommes n'abandonnent pas sous les drapeaux, les idées d'indépendance et de résistance à l'autorité qu'ils ont puisées dans la vie civile ; ils acceptent difficilement l'obéissance. Et s'il fallait conduire l'armée moderne contre l'émeute, une certaine habileté et la plus grande énergie seraient nécessaires.

Les maux dont beaucoup de personnes veulent détourner les yeux, pour ne pas être obligés de les constater et d'en chercher le remède, il nous appartient de les signaler pendant qu'il en est temps. Si l'indiscipline venait à se glisser dans nos rangs, elle aurait pour conséquence la ruine immédiate du pays et l'envahissement de l'étranger. C'est cette dernière considération qui, dans l'état actuel d'équilibre instable où se trouve l'Europe, ne permet pas de penser à un changement complet de nos institutions militaires. Pour le moment, il faut se borner à préparer l'avenir et à atténuer autant que possible les inconvénients de la loi présente.

Tels sont les motifs qui nous font proposer les 2e, 3e et 4e vœux.

Une loi militaire, inspirée par l'esprit maçonnique, est, depuis trois ans, promenée de la Chambre au Sénat sans que jusqu'ici les plus téméraires de ses parrains en aient osé porter la dernière responsabilité. Elle ruinera l'armée! peu importe, car elle n'a d'autre objectif que les curés, sac au dos!

Ce n'est pas dans cette assemblée provinciale; ce n'est même pas devant le pays, qui en a honte, qu'il est nécessaire de discuter cette loi néfaste. Les prêtres, les frères ne refusent pas, d'ailleurs, le service militaire, mais ils demandent à servir dans des conditions compatibles avec la défense canonique, qui leur est faite, de répandre le sang. A quoi bon leur imposer une règle que leur dévouement est prêt à dépasser? La dernière guerre, notamment, l'a assez prouvé?

De ces observations découle notre 5e vœu.

L'armée, comme le disait naguères un orateur d'élite, « c'est la « patrie, dans ce qu'elle a de plus noble, de plus généreux et de « plus sacré. » Elle doit être par là même la grande école du devoir, du respect et de la discipline; et conséquemment, il faut que les règlements soient inspirés par l'esprit chrétien, et que la pratique religieuse soit officiellement encouragée. Il n'en est pas malheureusement ainsi; et l'on est obligé d'aller chercher dans les pays schismatiques ou hérétiques les exemples d'un soldat préparé par la religion aux sacrifices que la patrie peut réclamer de lui.

Un libéralisme mal entendu prétend que le gouvernement, que l'armée n'a pas de religion, et s'effraye de l'aumônerie militaire. Nous affirmons que la liberté de conscience n'aurait point à souffrir de son rétablissement; et nous ne voyons pas qu'à l'étranger on ait de ces fausses pudeurs. Tout militaire a une religion qui doit être respectée : et il ne suffit pas de dire qu'on ne veut pas porter atteinte à sa liberté. Trop de personnes, hélas! ont le pouvoir d'entraver cette prétendue liberté, par leurs sarcasmes, les impositions de corvées et des persécutions plus graves encore. Puis, la conséquence naturelle, c'est cet isolement qui laisse l'homme sans défense, atrophie sa force de résistance au mal, atteint son courage, déprime son caractère, en un mot amoindrit le soldat, pour le jeter dans le vice et tarir les sources mêmes de la vie. Depuis trente ans, nous avons douloureusement appris que la non-intervention est synonyme d'abandon et de trahison.

Intervenons donc pour protéger le faible : le pays qui enlève un citoyen à ses foyers, lui doit les moyens de suivre les préceptes de sa religion. L'aumônerie donnerait au soldat l'encouragement, le soutien nécessaire, créerait le contact des hommes soucieux de leurs devoirs. La religion, du reste, est une force ; et par elle se développe et s'exalte la valeur du soldat. Pourquoi donc, au nom d'une fausse égalité devant le culte, refuser l'aumônerie au soldat catholique, sous prétexte que l'on ne pourra pas toujours en constituer une pour le protestant et l'israélite ? Il serait nécessaire de comprendre une bonne fois qu'il faut plus de direction et de discipline pour le fils d'une religion, qui impose plus de devoirs ; et qu'à défaut, ce qu'il y a de plus pur dans le sang de la France se perd, pour une grande partie, dans la débauche, par l'application fatale du : *corruptio optimi, pessima !*

C'en est assez pour justifier les deux derniers vœux.

RAPPORT SUR L'ORGANISATION JUDICIAIRE

Par M. Octave Roger

ANCIEN MAGISTRAT

Messieurs,

A la veille de la Révolution, dans le lit de justice tenu le 8 mai 1786, Louis XVI exposait ainsi ses projets sur l'organisation judiciaire : « Je veux, disait-il, convertir un moment de crise en « une époque salutaire pour nos sujets, commencer la réforma- « tion de l'ordre judiciaire par celle des tribunaux qui doit en « être la base, procurer aux justiciables une justice plus prompte « et moins dispendieuse.... Il faut à un grand État des tribunaux « d'un ressort peu étendu, chargés de juger un grand nombre de « procès, des parlements auxquels les plus importants seront « réservés, une cour unique dépositaire des lois de tout le « royaume. »

Ce programme renfermait l'ensemble des vœux qui devaient se manifester quelques années après, dans la rédaction des cahiers des trois ordres ; il contenait en germe toute l'organisation judi- ciaire actuelle, dont la Révolution revendique, à tort, la pater- nité.

I

TRIBUNAUX DE DROIT COMMUN

I. Au premier degré de l'échelle judiciaire sont placés les *Juges de paix*, établis par la loi du 27 mars 1791. Leurs attribu- tions sont multiples. En matière civile leur rôle principal est de concilier les parties ; ils sont chargés avant tout de prévenir les procès. Ce rôle de conciliateur, était même le seul que le législa- teur de 1790 voulut leur donner. On y ajouta, avec raison, la connaissance de certaines affaires civiles de minime importance. C'est également devant les Juges de paix que sont portées les contraventions de simple police. Enfin ces magistrats sont, en cas de flagrant délit, et pour l'exécution des commissions rogatives, des auxiliaires utiles pour les parquets et les juges d'instruction qui pourraient difficilement se passer de leur concours.

Faut-il étendre la compétence des juges de paix ? Pour répondre à cette question, si souvent posée, il importe de distinguer *la compétence générale* et la *compétence spéciale*. La première, basée sur le taux de la demande, quelle que soit la nature de l'affaire, a paru à la Commission devoir être maintenue dans ses limites actuelles; il y aurait, croyons-nous, de graves inconvénients à l'étendre au delà. Mais pour certaines matières déterminées, une compétence spéciale, plus étendue, pourait être attribuée aux juges de paix sans présenter les mêmes dangers, soit en renvoyant devant ces magistrats des affaires qui, par leur nature ne relèvent pas de leur juridiction ; soit en modifiant, pour d'autres, le taux qui détermine la compétence. C'est ce qui existe aujourd'hui déjà par exemple, en matière de *drainage* (Art. 5 de la loi du 10 juin 1854). Nous proposons une exception analogue pour les litiges prévus par la loi du 29 avril 1845 sur les *irrigations*[1].

II. Les tribunaux d'arrondissement constituent le second degré. Réunissant les attributions civiles, correctionnelles, et souvent commerciales, ils constituent, avec les Cours d'appel, le type du tribunal du droit commun.

La facilité actuelle des communications et la diminution du chiffres des affaires permettraient peut-être de réduire le nombre de ces tribunaux et de modifier leurs circonscriptions.

III. Il en est de même pour les Cours d'appel : mieux vaut en diminuer le nombre que de réduire le personnel, comme on l'a fait il y a quelques années. Il est indispensable, en effet, que les Cours présentent un effectif nombreux. En abaissant le chiffre des magistrats dont la présence est nécessaire pour la validité des arrêts, on diminue la sécurité du justiciable et on amoindrit par là même l'autorité des décisions rendues.

IV. Enfin, au sommet de l'édifice, la Cour de cassation, jugeant le droit et non les faits, est constituée gardienne de la loi et

---

[1] Cette question a été traitée dans l'enquête, avec une compétence toute spéciale, par M. Robin-Massé, avocat à Saint-Amand. Son rapport est un véritable traité de la compétence des juges de paix. Nous regrettons de ne pouvoir reproduire ce volumineux travail du plus haut intérêt.

chargée de maintenir l'unité de la jurisprudence[1]. Elle exerce, en outre, un pouvoir disciplinaire sur toute la magistrature.

L'ensemble de cette organisation est assurément plus simple que l'ancienne. Cependant il faut reconnaître qu'elle s'écarte peu des institutions traditionnelles et historiques de notre pays. C'est l'application du programme royal de 1786.

Une des modifications les plus profondes apportées à l'ancien ordre de choses a été l'institution du jury en matière criminelle. Importation anglaise, préconisé par les philosophes et réclamé seulement par quelques cahiers de la Noblesse[2], le jury, très séduisant en théorie, a donné dans la pratique de fort médiocres résultats. Cependant cette institution est entrée dans nos mœurs; il serait difficile de la supprimer; mais on doit aviser au moyen d'en assurer le recrutement et le fonctionnement dans des conditions plus satisfaisantes.

II

TRIBUNAUX D'EXCEPTION

La suppression des tribunaux d'exception était presque universellement réclamée en 1789. Nous ne serons pas aussi exclusifs. Nos vœux se rapportent à deux espèces de juridictions : les juridictions commerciales et les tribunaux administratifs.

En matière commerciale les tendances corporatives qui s'accentuent de jour en jour nécessiteront, à un moment donné, l'établissement de juridictions de métiers, aux besoins desquels les conseils de prud'hommes, avec leur organisation actuelle, ne peuvent pas donner satisfaction.

Quant aux tribunaux de commerce nous pensons qu'il y a lieu de les maintenir. Ces tribunaux, dont les membres sont nommés

---

[1] Il serait nécessaire que, dans ces décisions, la Cour de Cassation tînt compte, dans une certaine mesure, des coutumes et des usages locaux.

[2] M. de Laugardière, dans son remarquable rapport, résumant les travaux de l'enquête, fait très judicieusement remarquer que ceux qui demandaient l'institution du jury ne faisaient que réimporter en France un débris des vieilles mœurs féodales : le *jugement par les pairs*. « Des traditions ana- « logues, dit le rapporteur, s'étaient d'ailleurs plus ou moins longtemps « conservées dans les provinces, et à Bourges notamment, le maire et les « échevins élus, usant du privilège de judicature jadis attribué aux bourgeois « de la ville avaient, jusque dans la première moitié du xviie siècle, statué « dans les affaires criminelles sur le sort de leurs concitoyens. »

par le suffrage des négociants patentés, et dont beaucoup ne possèdent que des connaissances juridiques très sommaires, jugent plus souvent en équité qu'en droit. On ne doit pas leur en faire un reproche. Leur procédure ne saurait être trop simplifiée ni trop rapide ; ils doivent tendre surtout à l'arbitrage et à la conciliation.

La question des *tribunaux administratifs* est plus délicate ; la suppression pure et simple de ces juridictions a été souvent réclamée. Parmi les arguments invoqués contre elles un seul est réellement sérieux : étant donné la constitution actuelle des Conseils de préfecture, du Conseil d'État et du tribunal des conflits, on peut dire que dans les affaires qui leur sont déférées, l'administration est à la fois juge et partie. Ce reproche, trop souvent justifié, il faut le reconnaître, n'est pourtant pas inhérent à la juridiction elle-même ; il se rapporte uniquement à la composition et au recrutement du personnel. Que les membres des tribunaux administratifs soient rendus indépendants, leurs décisions auront autant d'autorité que celles des tribunaux de droit commun. N'y aurait-il pas, en l'état, de graves inconvénients à confier à ces derniers les attributions multiples des conseils de préfecture? Que la compétence soit restreinte, si l'on veut et surtout plus nettement définie, les conflits disparaîtront alors d'eux-mêmes. S'il s'en produit, la Cour de cassation, interprète impartiale de la loi, suffira peut-être pour les trancher.

Quant aux Préfets, auxquels la législation actuelle confère la présidence des Conseils de préfecture, ils doivent en être exclus d'une façon absolue. Il en sera de même pour le garde des sceaux, vis-à-vis le Conseil d'État.

Les juridictions étant ainsi établies, comment devront se recruter leurs membres? A la vénalité des charges la loi du 16 avril 1790 avait substitué l'élection à tous les degrés, mode détestable de recrutement, incompatible avec la dignité et l'indépendance de la magistrature. Actuellement la nomination des magistrats appartient au Gouvernement. Ce système n'a rien d'anormal, puisque le droit de rendre la justice est une émanation de la souveraineté ; à la condition toutefois que le pouvoir respecte l'indépendance du magistrat.

Comme garantie de cette indépendance, ce qui s'impose en première ligne, c'est l'inamovibilité.

L'inamovibilité doit s'étendre à tous les magistrats sans exception, sauf aux membres des parquets qui sont les représentants directs et les mandataires du gouvernement devant les tribunaux où ils siègent. Les juges de paix, plus que tous autres peut-être, ont besoin de cette garantie.

Ne pourrait-on pas également accorder l'inamovibilité aux membres des tribunaux administratifs? Si les Conseils de préfecture, au lieu d'être un début de carrière, en devenaient un couronnement; si ceux qui les composent, tout en offrant une compétence plus spéciale et des connaissances plus étendues, étaient soustraits aux influences politiques qui suppriment leur indépendance, les arguments qu'on invoque pour demander la suppression de ces corps n'auraient plus de valeur.

La nomination des magistrats, avons-nous dit, appartient au gouvernement. Comment seront-ils choisis? D'après le système de présentation actuelle, ce qui prime tout, c'est l'opinion politique. Le candidat qui ne peut offrir qu'une capacité incontestable et une honorabilité parfaite se voit impitoyablement écarté. « Il faut être républicain pour faire un bon magistrat, » disait, il y a quelques années, à une audience de rentrée, le premier président de la Cour de Bourges. C'est en vertu de ce principe que la magistrature a été *épurée,* pour employer le terme consacré, c'est-à-dire amoindrie, mutilée et déconsidérée dans l'esprit public.

Les qualités requises du magistrat peuvent se résumer en deux mots : capacité, honorabilité. Qu'un concours sérieux, ouvert à tous, sans acception de parti, établisse la capacité des candidats. Que les corps judiciaires soient appelés à contrôler et à guider les chefs de Cours dans leurs présentations ; que les choix portent exclusivement sur des hommes d'une moralité irréprochable, laborieux, intègres, indépendants par leur situation et leur caractère : leur autorité s'imposera d'elle-même.

D'autre part, l'avancement tel qu'il est organisé, a trop le caractère de récompense. Qu'on évite, autant que possible, le déplacement des magistrats. Ils doivent être au courant des habitudes et des usages du pays ; pour les juges de paix, notamment, c'est une nécessité. Si l'on n'exige pas, pour ces derniers, des connaissances juridiques aussi approfondies, il est indispensable qu'ils connaissent bien leurs justiciables et qu'ils en soient connus.

Un dernier point, messieurs, nous reste à étudier. En 1789, on réclamait par dessus tout la simplification de la procédure et la

diminution des frais de justice. Nous pouvons, aujourd'hui, foi-
muler le même vœu [1].

La Constituante, en proclamant la *gratuité de la justice,* n'a
ajouté qu'une phrase de plus à tant d'emphatiques déclamations ;
tout ceux qui ont eu un procès savent à quoi s'en tenir sur ce
point. Non, la justice n'est pas gratuite, j'ajouterai qu'elle ne
peut pas l'être. Les frais ne peuvent pas être supprimés d'une
façon absolue. L'abus consiste dans leur disproportion avec l'importance de l'affaire. Ici, comme presque partout, la Révolution
a négligé l'intérêt du faible et du petit ; les mesures édictées sous
le fallacieux prétexte de protéger les incapables ont souvent pour
unique résultat de précipiter leur ruine.

La noblesse du Berry, en 1789, demandait qu'on s'occupât des
moyens d'empêcher les frais de saisie des biens meubles ou des
ventes forcées des immeubles, d'absorber le prix qui en provient.
La situation n'est-elle pas la même aujourd'hui ? Le fait cité
par Le Play dans son ouvrage sur l'*Organisation de la famille,* et
rappelé par M. de Laugardière, n'est malheureusement pas isolé :
« Un journalier mort dans le département de la Nièvre, laissait,
« à quatre enfants mineurs, libre de toutes dettes, un petit avoir
« mobilier et immobilier d'une valeur de 900 francs, fruit d'épar-
« gnes réalisées à l'aide des plus dures privations ; le tout vendu
« en justice, produisit 725 francs, grevés de 643 fr. 78 de frais,
« dont 200 fr. 50 perçus par le fisc et 443 fr. 28 par les officiers
« ministériels de telle sorte que, les frais de maladie et autres
« prélevés sur le faible reliquat du prix de vente, il resta aux
« malheureux orphelins mineurs la somme dérisoire de 30 fr. 37
« à se partager entre quatre, soit pour chacun 7 fr. 59. » Tout
commentaire est inutile.

La loi du 23 octobre 1884, de même que la loi du 21 mai 1858
sur les ordres amiables, ne sont que des palliatifs insuffisants. Ce
qu'il faut, c'est une refonte complète du Code de procédure civile
qui mette fin à de pareils abus.

---

[1] On parle souvent de la lenteur de la procédure sous l'ancien régime. Les
procès sont-ils jugés aujourd'hui avec toute la célérité désirable ? Nous ne
citerons qu'un exemple relativement récent : En 1873, le tribunal de Château-
Chinon (Nièvre), par un jugement équivalant à une transaction, a terminé une
affaire commencée depuis 1810. Une des pièces principales du procès était un
contrat de mariage de 1784. Que de papier timbré amoncelé pendant ces
soixante-trois années ! C'est là, nous le reconnaissons, un fait exceptionnel ;
mais, sans parler du règlement des ordres, que de délais, que de retards pourraient souvent être évités !

RAPPORT SUR LES FINANCES

Par M. A. Desgardes.

Messieurs,

J'ai été chargé de vous donner communication des vœux que vos Commissions, après examen, proposent à votre adoption sous le chapitre : Finances.

Je n'ai point la prétention de vous faire un long discours, ce serait, à l'heure présente, je le craindrais du moins, fastidieux pour vous et présomptueux de ma part.

Je n'ai d'autre but que de venir en aide à la bonne volonté et aux forces de l'orateur qui m'a précédé à cette tribune et qui a tranché d'une façon si complète et si brillante les questions des pouvoirs publics et de l'assistance.

Laissez-moi simplement poser, au frontispice de ces vœux de finance, un chiffre qui en est la meilleure justification.

Je veux parler du chiffre de la dette nationale.

D'après les documents les plus certains et puisés aux sources les plus autorisées, la dette nationale s'élevait :

En 1870, à 11 milliards 751 millions. Après la guerre et ses désastreuses conséquences elle atteint, en 1877, 20 à 21 milliards ; aujourd'hui, je parle même en 1888, elle s'élève à un total de 34 à 35 milliards.

14 milliards d'augmentation en *11* années. N'est-ce pas plus que concluant ?

Voilà, je puis le dire, l'éloquence des chiffres ; je n'en veux point de meilleure.

Elle sera, je n'en doute pas, plus que suffisante pour vous convaincre de l'urgente nécessité d'apporter remède à cette situation pleine de périls et d'inquiétudes, et surtout pour vous déterminer à réclamer avec nous l'application des réformes que nous sollicitons sous forme de vœux.

RAPPORT

SUR LES ARTS ET MÉTIERS ET LE COMMERCE

Par M. E. Pigelet.

Vous avez entendu, Messieurs, et sanctionné de votre approbation les vœux concernant la grande Industrie. Beaucoup de ces vœux s'appliquent naturellement aux Arts et Métiers et au Commerce ; il reste, cependant, à exposer à l'Assemblée les besoins de la petite industrie et à soumettre à sa sanction les vœux élaborés par la Commission des Arts et Métiers. Il s'agit ici, Messieurs, d'une catégorie de travailleurs plus disséminés, mais plus nombreux encore que les premiers et non moins intéressants ; et quand je parle de travailleurs, je parle aussi bien des patrons que des ouvriers, tous ne travaillent-ils pas ensemble, et le sort des uns est lié au sort des autres.

L'enquête poursuivie par le comité préparatoire de l'Assemblée provinciale actuelle a pleinement confirmé le fait acquis, pour tous, des souffrances tant morales que matérielles du monde du travail. Ses doléances sont longues et justifiées ; nul, aujourd'hui, n'oserait affirmer une prospérité évanouie et une sécurité disparue, pour longtemps, c'est à craindre.

Ce langage eut paru étrange et, tout au moins, en contradiction avec les faits, il y a vingt ans, alors que la brise gonflant les voiles, le vaisseau voguait sur un océan que ne semblait menacer aucune tempête. Pendant une longue période de ce siècle, en effet, grâce à l'éclat d'une prospérité plus factice que réelle et au développement exagéré de la force productrice industrielle, les esprits superficiels ont pu croire que les doctrines de 89 et les actes qui en découlèrent avaient ouvert, pour l'industrie et le commerce, en brisant les entraves du passé, une ère nouvelle de liberté et de succès, à la fois, dont les bienfaits iraient toujours croissant, et qui maintiendrait à jamais une suprématie incontestée à notre industrie et à notre commerce, assurant ainsi, pour longtemps, le bonheur du travailleur français.

Dès ce moment aussi, cependant, il était prévoyable, pour les esprits puisant leurs inspirations aux vraies sources de la lumière et de la sagesse, qu'une réaction s'opérerait, et que la chute serait aussi profonde que la sécurité était grande et que le succès s'affirmait plus éclatant.

C'est que, pour les hommes de foi, il n'était que trop visible que les forces sociales étaient mal équilibrées dans cette société lancée à une vitesse vertigineuse sur le railway du progrès, et qu'aucun frein assez puissant n'existait pour enrayer une course qui devenait désordonnée. Dieu manquait à cette société pour la maintenir en équilibre, et quand l'esprit de Dieu ne plane plus sur une société, elle s'égare et court aux abîmes. Nous le voyons bien, aujourd'hui, Messieurs, le frein des institutions tutélaires qui, avant 89, garantissait la paix générale, en assurant les droits de chacun, a été brisé par les novateurs de cette époque, contre le vœu même des intéressés et malgré leurs protestations ; la révolution, là comme ailleurs, loin de tenir ses promesses, a semé le trouble et l'instabilité, et nous récoltons la ruine et la misère, son inséparable compagne.

Aussi, Messieurs, aux énivrements des années écoulées succède actuellement un malaise universel, un marasme général ; une longue plainte s'exhale de toutes les poitrines, le présent est triste et l'avenir est sombre.

Les doléances du monde du travail sont donc bien justifiées, il faut un remède à la situation actuelle ; c'est une question qui s'impose et dont on ne saurait reculer la solution indéfiniment.

La situation est déplorable tant au regard des patrons qu'à l'endroit des ouvriers. La grande famille ouvrière constituée par la corporation chrétienne a disparu avec celle-ci, les liens qui unissaient patrons et ouvriers ont été rompus et l'individualisme a remplacé la solidarité existant antérieurement entre les membres d'une même corporation. Qui dit individualisme dit égoïsme, et le chacun pour soi n'a jamais produit le bonheur des individus et la prospérité des industries et des professions, pas plus que des sociétés.

« L'esprit d'égoïsme, a dit récemment un publiciste, après avoir jeté l'individu isolé et méfiant dans une société où il est abandonné à ses seules forces, a substitué au sentiment chrétien de la fraternité l'âpre combat pour le gain et proclamé, comme l'expression suprême et scientifique du progrès moderne, la lutte pour la vie. »

« L'esprit d'envie, dit encore le même auteur, après avoir tout rabaissé pour mettre la puissance et les honneurs au niveau de toutes les convoitises et de tous les appétits, a livré la liberté des citoyens à toutes les hypocrisies de la légalité, à toutes les fureurs de la licence. »

Voilà bien, Messieurs, les grands mobiles de l'activité humaine aujourd'hui: l'égoïsme, l'amour du soi, au détriment de son semblable, l'envie à l'égard d'autrui. Hélas! il est facile de constater où nous ont conduit cette absence de mutualité dans les rapports sociaux, ce manque de solidarité entre les diverses classes, cet oubli de la grande loi de la charité ; car, il faut bien le dire, seule la loi chrétienne est assez puissante pour imposer silence aux appétits désordonnés qu'ils descendent d'en haut ou qu'ils sourdent d'en bas. Quand la loi civile ne s'étaye pas sur la loi divine, elle est généralement mauvaise ou, tout au moins impuissante à régir convenablement la grande ruche humaine.

Aussi, messieurs, la situation des patrons est-elle aujourd'hui défavorable, pour beaucoup précaire, pour tous elle ne tardera pas à devenir intolérable, si une réaction ne s'opère. Il serait difficile de le nier, en face de tant d'effondrements dont nous sommes les témoins attristés.

Autrefois, un patron qui joignait la conduite à l'activité et à la capacité pouvait compter sur le succès; il avait une clientèle fidèle, les fils succédaient aux pères ; les relations s'établissaient, pour achats ou travaux, entre les gens de la même localité ou du même pays. Il n'était pas rare de voir des générations de commerçants, d'industriels ou d'artisans poursuivre ces relations, de père en fils, avec les fils des propriétaires dont leurs ancêtres avaient été les fournisseurs. Que d'avantages avait cet état de choses, tant au point de vue du bonheur des individus qu'à celui de la sécurité sociale.

Aujourd'hui, la facilité des communications et des transports, l'habitude des déplacements qu'elle a créé, ont changé complètement les conditions d'existence de la petite industrie et du commerce, et les rapports entre gens d'une même ville ont été profondément modifiés. Il s'est créé, de plus, dans les grands centres, et surtout à Paris, des établissements d'industrie ou de commerce d'une envergure aussi vaste que l'appétit de leurs exploitants, centralisant dans leurs vastes halls la vie de centaines d'établissements secondaires. A l'aide d'une savante réclame et de promesses séduisantes, ces ogres modernes enlacent le pays entier et vont, jusqu'au fond des provinces les plus reculées, recruter des clients, au détriment des fournisseurs locaux qui voient se vider leurs magasins et se tarir la source d'une modeste aisance.

Ce délaissement de l'humble commerçant, industriel ou artisan pour le gros monopolisateur a de tristes conséquences ; il brise la solidarité qu'établissent des relations de chaque jour entre les diverses classes ; il ulcère les cœurs et suscite des colères ; creuse entre les pauvres délaissés et ceux dont ils se considèrent la victime un abîme difficile à combler, et qui empêche un rapprochement indispensable cependant au rétablissement et au maintien de l'ordre social.

La situation du patron devenant plus difficile, il s'aigrit, ses relations avec son personnel sont moins cordiales et deviennent tendues. L'ouvrier et l'employé subissant, de leur côté, l'influence des exploiteurs de leur crédulité ou d'un mécontentement plus ou moins justifié, deviennent de plus en plus hostiles au patron ; tout bien autre que celui d'une nécessité à laquelle on échappe aussitôt que possible, se rompt, c'est la lutte permanente entre celui qui dirige et celui qui exécute, lutte aussi nuisible aux intérêts des uns que des autres.

La nécessité de maintenir une situation battue en brèche de toutes parts engendre, de son côté, la concurrence effrénée et l'empiétement des professions les unes sur les autres, sources nouvelles de souffrances et de rivalités et, disons-le aussi, cause de fâcheuses déviations, d'abaissement de la moralité ; car la loyauté ne se maintient pas toujours intacte au sein de cette âpre lutte. Aussi les plus honnêtes succombent souvent, tandis que les plus téméraires et les moins scrupuleux réussisent parfois.

Sous la pression de ces diverses causes de malaise et d'insécurité, le niveau de la capacité professionnelle a baissé ; le patron absorbé par de constantes et cruelles préoccupations, exerce moins de surveillance ; l'ouvrier travaille avec moins de goût et moins de conscience. Aussi, si à l'extérieur, les produits de l'industrie contemporaine semblent n'avoir rien à envier aux produits des époques antérieures, si même, ils s'offrent à l'acheteur sous des dehors plus séduisants, à l'usage il est facile de constater une infériorité notable pour beaucoup d'entr'eux.

Si, maintenant, nous considérons la situation faite à l'ouvrier par l'organisation actuelle du travail, nous la trouvons tout aussi mauvaise, sinon pire, que nous le considérions dans la société, au sein de la famille ou à l'atelier.

Comme citoyen, isolé, sans point d'appui, sans principes sérieux et surtout d'une grande ignorance en fait de religion, victime et dupe de meneurs qui le guident et qu'il suit plus sottement encore que docilement, et des artisans de révolutions qui l'exploitent à leur profit personnel, l'ouvrier mécontent de son sort, haineux, est devenu un danger pour la société contemporaine ; c'est un fait qu'on ne saurait nier. Cette société née des errements de 89 et fondée en dehors du christianisme n'a pas rempli son devoir envers lui, et il lui rend en haine, en rancunes se traduisant souvent en sanglantes revendications, le délaissement dans lequel elle l'a laissé, l'oubli trop prolongé des obligations des classes supérieures envers les classes laborieuses, oubli que des mots sonores et des phrases redondantes n'ont pas suffi à dissimuler.

Dans la famille, qu'on le considère enfant ou jeune homme, alors que, sorti des bancs de l'école, il fait au foyer paternel et à l'atelier le double apprentissage de la vie et d'une profession, ou qu'on le retrouve ouvrier et père de famille, sa situation n'est pas moins défavorable.

Enfant ou jeune homme, il est trop délaissé, trop livré à lui-même, presque toujours ; il ne trouve pas au foyer le bon exemple qu'il devrait y recevoir, ni les douces joies qui sont la conséquence d'une vie chrétienne, et il prend facilement la famille en horreur, surtout si elle est nombreuse et s'il est un des aînés. Alors, sans se souvenir des sacrifices que ses parents se sont imposés pour son éducation et son apprentissage, dès qu'il est salarié, il donne le moins possible au fonds commun et, dès qu'il le peut, il se dégage de ses obligations et fuit avec bonheur le toit paternel, disant cyniquement qu'il n'a pas besoin de travailler pour les autres et de nourrir les plus jeunes. C'est l'aspiration générale de la jeunesse ouvrière, d'échapper le plus tôt possible à la discipline, si relâchée pourtant, de la famille, dans nos jours d'affaissement, pour jouir d'une liberté dont elle abuse.

Père de famille, le plus fréquemment, il ne comprend pas mieux ses devoirs qui ont grandi ; il a pris étant jeune, des habitudes mauvaises dont il se défait difficilement, car la vie nomade du jeune ouvrier est un mauvais apprentissage de la vie réglée et sédentaire qui convient à un chef de famille. Aussi, délaisse-t-il facilement son intérieur ; il prend rarement ses récréations, aux moments de repos, avec sa femme et ses enfants, et va chercher ailleurs des plaisirs énivrants et des joies malsaines. Certes, il y a d'honorables exceptions, mais généralement, les enfants, pour l'ouvrier, sont une charge qu'il accepte mais porte difficilement. La croyance en la Providence veillant sur l'homme et pourvoyant surtout aux besoins des petits, étant disparue presque complétement, il s'inquiète et se dégoûte, quand la famille grossit. Aussi l'enfant du peuple grandit presque toujours sans direction, c'est une plante inculte qui croît, sans qu'une main bienveillante la redresse et prodigue les soins nécessaires à sa culture.

Jusqu'ici des éducateurs chrétiens remédiaient avec un louable dévoûment, dans la mesure du possible, à cette absence de direction dans la famille. Mais, aujourd'hui, de trop nombreux enfants grandissent sous l'œil de maîtres qui ont ordre de ne jamais leur parler de Dieu ni de religion, quand, sous le couvert d'une neutralité dérisoire, ils ne leur inculquent pas des sentiments de haine et de mépris pour tout ce qui concerne la religion, ses œuvres, ses institutions et ses ministres. Et la famille ouvrière se déforme de plus en plus.

Dans l'usine ou à l'atelier, l'ouvrier, loin de se considérer, comme jadis, le membre d'une grande famille qui ne saurait vivre heureuse sans que chacun apporte à sa prospérité et à son accroissement sa part de soins et d'efforts, subit avec aigreur, sinon avec rage, le joug patronal, ne se cache pas pour dissimuler sa haine contre le chef ou ses mandataires et, las de toute domination, travaille sans goût, sans cet amour propre qui distingue l'ouvrier qui voit dans son travail non seulement un gagne-pain, mais un devoir que sa conscience l'oblige à remplir avec toute l'intelligence dont il est capable.

Prêtant facilement l'oreille aux perfides conseils des plus mauvais, écoutant avec complaisance les boniments de meneurs qui se disent ouvriers, sans jamais avoir manié un outil, et se gavent à ses dépens, il se laisse embrigader dans des sociétés ténébreuses et entraîner à des luttes stériles, puis retombe, après des efforts aussi coupables que vains, dans sa situation antérieure, aggravée de la misère causée par ce chômage volontaire qu'on appelle la grève. Il lui faut bien reprendre son travail, l'existence en dépend ; mais plus malheureux, plus aigri que jamais, il ne s'en prend pas aux meneurs qui l'ont abusé, mais au patron qui pour lui est l'ennemi.

Voilà, Messieurs, un tableau peu séduisant et, malheureusement, trop fidèle des souffrances causées au monde du travail par la suppression des institutions du passé qui, pendant des siècles, avaient maintenu la bonne harmonie entre patrons et ouvriers et garanti la société contre les secousses qui la menacent aujourd'hui. Il n'y avait pas alors de question ouvrière, la plus grave de nos questions sociales ; l'ouvrier ne vivait pas, comme maintenant, isolé, il avait ses juges, ses tribunaux à lui ; il se sentait soutenu ; les corporations disposaient d'un fonds social, patrimoine de tous, qui dans les cas de maladie ou de détresse, permettait de venir en aide à ses membres.

Ces institutions demandaient des réformes, comme les autres, nous le savons, mais il fallait plus aux hommes néfastes qui voulaient asseoir leur domination sur les débris d'un glorieux passé qui avait valu à la France une suprématie incontestée et une longue prospérité. Les corporations étaient nées à l'ombre de la religion qui les couvrait de son aile maternelle ; la haine des sectaires ne pouvait laisser subsister cette barrière qui gênait leurs desseins. Il fallait aux sectes ennemies à la fois de l'autel et du trône pouvoir mettre la main sur les classes laborieuses, pour en faire dans l'avenir les gros bataillons de l'émeute, au service de leurs rancunes et de leurs appétits ; les corporations étaient un obstacle, elles furent sacrifiées.

Nous voyons aujourd'hui, Messieurs, après un siècle d'expérience, où nous en sommes soit au point de vue du bonheur des individus, soit au point de vue de la sécurité sociale. Ne sont-ils pas dignes, d'ailleurs, de toute la sollicitude éclairée des hommes qui, avec la foi, ont conservé la saine notion des devoirs sociaux, ces millions d'ouvriers égarés qui suivent inconsciemment un mot d'ordre dicté par la haine des factieux abusant de leur crédulité ? N'avons-nous pas à réparer, nous aussi, les fautes de ce siècle à l'égard de ces pauvres ilotes, délaissés trop longtemps, artisans d'une prospérité trompeuse qui a produit un énivrement auquel succède une stupeur mêlée d'effroi, en face de la gravité et des difficultés du problème à résoudre ? N'est-ce pas à quiconque sent battre un cœur de chrétien dans sa poitrine et a les loisirs et les moyens de se dévouer à cette œuvre le cas de redire cette parole du divin Sauveur : *Misereor super turbam*. Oui ayons pitié de cette foule, notre devoir l'exige, l'intérêt de la société comme notre propre intérêt le demande.

C'est dans le but de remédier, dans la mesure du possible, à une situation si pénible et qui menace de s'aggraver encore que, le Comité préparatoire présente à l'Assemblée les vœux élaborés par lui. Je dis, dans la mesure du possible, car ces vœux ne sont, je le reconnais, qu'un minimum bien insuffisant ; le seul remède efficace serait le retour au régime corporatif adapté aux exigences de notre temps ; mais après la distance parcourue depuis un siècle comment faire soudain vapeur arrière sur une pente aussi raide? Espérons que, grâce à une réforme de l'esprit public qui sera l'œuvre des hommes de foi et de bonne volonté, il sera permis, dans un avenir plus ou moins rapproché, d'aller plus loin et de rétablir la famille ouvrière dans son état antérieur et avec les prérogatives qui lui garantiront un avenir meilleur.

Rappelons-nous, en effet, Messieurs, que, depuis trop longtemps, les gouvernements ne guident plus les peuples dans les voies de la justice et de la vérité, comme c'est leur devoir ; mais interrogeant anxieusement l'opinion, n'ont qu'un souci, lui donner satisfaction qu'elle soit bonne ou mauvaise. Les catholiques, en France, ne se sont pas assez rendu compte de cette vérité, ou ont manqué d'énergie dans la revendication de droits sacrés. Faisons mieux désormais, Messieurs, et sachons que nos vœux demeureront stériles, si nous ne nous efforçons sans cesse, par tous les moyens en notre pouvoir, et surtout par l'exemple, d'incliner l'opinion vers les principes d'éternelle justice et d'éternelle vérité sans lesquels l'équilibre social ne pourra être rétabli. Créons un grand courant d'opinion dans le sens de nos revendications si légitimes, l'instant est propice, en face de l'impuissance démontrée de la révolution à garantir le bonheur des classes ouvrières, et de l'avortement de son œuvre, qui n'a finalement produit qu'une crise prolongée commune à toutes les branches de l'activité humaine. C'est bien ici le cas de dire : Aidons-nous, le le Ciel nous aidera.

Mais, par dessus tout, rappelons-nous, Messieurs, le grand rôle de l'Église dans ces questions: on ne saurait lui refuser le témoignage d'avoir marché, dans tous les temps, à l'avant-garde de la vraie civilisation, d'avoir toujours pris le parti du faible contre le fort, de l'opprimé contre l'oppresseur, en maintenant intacts les droits des uns et des autres et en traçant à chacun son devoir, sans jamais sacrifier les droits inaliénables de la vérité et de la justice.

Ce que l'Église a fait dans le passé, elle peut le faire encore dans le présent. N'est-ce pas son esprit qui inspire toutes les œuvres tendant à l'amélioration du sort des classes laborieuses? Ne sont-ce pas ses enfants les plus dévoués qui, sous sa bannière, se consacrent à ce noble labeur?

Sans l'Église, Messieurs, on ne saurait ramener la lumière dans les esprits, la droiture dans les consciences, l'amour dans les cœurs, l'union entre les hommes, l'ordre en tout et partout, toutes choses indispensables à la reconstitution d'un état social viable, capable d'assurer au pays comme aux individus une stabilité et une prospérité qui font défaut aujourd'hui, et dont l'absence met en péril, à cette heure, les intérêts publics et privés.

Les vœux du Commerce que le Comité préparatoire soumet à l'Assemblée générale sont peu nombreux, beaucoup des vœux formulés au sujet de la grande Industrie et des Arts et Métiers donnant satisfaction à ses légitimes doléances.

Mais il a semblé au Comité que la législation actuelle demandait de notables modifications, en ce qui concerne l'usure, les jeux de bourse et les marchés à terme sur des valeurs fictives. Il y a là, en effet, une source d'abus qui causent une grande perturbation dans les transactions commerciales et engendrent des ruines nombreuses, au bénéfice des seuls agioteurs de profession.

La loi sur les sociétés commerciales et notamment sur les sociétés anonymes appelle aussi de sérieuses réformes. Des faits récents ont démontré que certaines sociétés n'ont pour but que l'exploitation de la fortune publique et surtout de la petite épargne. On a vu même des sociétés faire appel aux souscriptions du public sans qu'aucun capital social ait été souscrit; il est urgent d'apporter remède à cette situation.

Toutes les émissions d'actions de sociétés industrielles, commerciales et financières demandent une surveillance plus réelle, afin de ne pas permettre aux spéculateurs d'abuser de la crédulité publique et d'attirer les capitaux dans des opérations qui n'offrent aucune garantie ni aucune sécurité. Il y a lieu d'édicter des pénalités sévères permettant de réprimer ces abus.

Une autre cause de trouble profond pour le commerce honnête

c'est l'accaparement d'un produit, d'une denrée, d'une marchan-
dise quelconque ; ici, d'ailleurs, le commerce seul n'est pas
atteint, le consommateur souffre également du renchérissement
résultant de manœuvres coupables, n'ayant en vue que l'intérêt
de quelques-uns au détriment de tous. La loi permet la répression de ces agissements aussi immoraux que nuisibles à l'intérêt
général. Votre Comité a donc cru bien faire de réclamer que les
lois sur la matière soient rigoureusement appliquées ; que, même,
si elles sont insuffisantes ou impuissantes, en certains cas, elles
soient complétées.

Le commerce local n'a pas également semblé assez protégé
contre la concurrence des déballeurs et marchands forains. Il ne
s'agit pas ici de porter atteinte à la liberté commerciale, mais,
dans beaucoup de cas, les charges supportées par les commerçants
nomades n'étant pas égales à celles des commerçants sédentaires,
il y a lieu, tout au moins, de rétablir l'égalité entr'eux, par des
mesures équitables.

Enfin, cette question a déjà été posée à propos des Arts et Métiers, il y a lieu aussi de protéger le petit commerçant contre
l'envahissement de plus en plus prononcé des grands magasins,
qui cumulent une foule de commerces autrefois repartis entre
beaucoup de maisons. Le monopole n'a pas permis au petit, au
faible la lutte contre cette centralisation exagérée et qui a déjà
causé bien des ruines : sans entraver, non plus, la liberté commerciale, ne peut-on pas réprimer ces envahissements progres-
sifs, par des mesures fiscales ? Le Comité a pensé qu'il y aurait là
sinon un remède complet, au moins une amélioration à une situation qui s'aggrave chaque jour.

Ce sont là des questions d'intérêt général et de haute moralité.
La fortune publique a subi, depuis un certain nombre d'années,
des échecs considérables, il est temps de rassurer les intérêts
alarmés, en veillant à la répression d'abus qui ont permis des
fortunes scandaleuses ayant pour corollaires des effondrements
désastreux.

RAPPORT SUR L'AGRICULTURE

Par L. Marchain.

Messieurs,

Quand la Providence veut communiquer à un peuple une existence prospère et durable, elle lui donne des racines profondes dans le sol.

Aucune nation, mieux que la France, n'a été favorisée sous .ce rapport, une latitude qui diversifie les climats et permet la culture des plantes nécessaires à l'économie nationale, une formation géologique d'une extrême variété, des eaux abondantes, la prédominance en nombre d'une race de paysans laborieux et économes : tout a été réuni pour faire de notre patrie un pays essentiellement agricole et pour assurer sa prospérité.

Le grand ministre d'un grand roi avait bien raison de dire : labourage et pâturage sont les deux mamelles de l'État.

Comment se fait-il que, depuis Sully, mais surtout dans ce siècle que nous finissons, cette vérité ait été aussi méconnue ?

Comment cette égalité, tant promise à tous les Français, en 1789, a-t-elle été aussi outragée quand il s'est agi des agriculteurs ?

En effet, dans la représentation de l'agriculture, dans l'impôt direct et les taxes fiscales, dans les tarifs de douanes et de transports, dans la sauvegarde des personnes et des biens, dans les fournitures de l'État et de tous les services publics, partout les intérêts des classes agricoles ont été méconnus, quand ils n'ont pas été sacrifiés, au nom de fausses doctrines, aux intérêts de l'étranger.

Pendant longtemps l'agriculture toujours soumise, toujours respectueuse du pouvoir, quel qu'il soit, a souffert en silence.

Que pouvait-elle d'ailleurs isolée, dépourvue d'organes pour se faire entendre ?

Les conséquences de traités de commerce désastreux, la charge toujours croissante des impôts, la ruine d'un grand nombre de cultivateurs, la désertion des campagnes et l'abandon des terres, le contre-coup de la crise agricole se faisant sentir au commerce et à l'industrie et amenant une crise générale, ont enfin ouvert les yeux.

En même temps, sous le bénéfice de la loi du 25 mars 1884, les syndicats agricoles, se multipliant partout, ont offert aux agriculteurs un moyen de groupement et de défense dont ils savent profiter.

Par son énergie dans la mauvaise fortune, l'agriculture a mérité l'appui de l'opinion publique tout entière. Personne ne lui conteste aujourd'hui les moyens de vivre et de prospérer.

Les vœux qui la concernent ne pouvaient manquer de toucher votre sollicitude, Messieurs, et de figurer dans le magnifique programme de réformes qui s'élabore, par toute la France, à l'occasion du Centenaire.

LISTE DES PERSONNES AYANT SIGNÉ LA LETTRE D'INVITATION A L'ASSEMBLÉE PROVINCIALE, OU AYANT ADHÉRÉ DEPUIS

D'ASSIGNY.
D'ASTIER DE LA VIGERIE, propriétaire à Niherne.
D'AUBEIGNÉ, propriétaire à Ciron.
AUBRUN-ROBIN, Négociant.
AUGIER DE MONTGREMIER.
Th. AYMON, ancien négociant.
Victor AYMON, Négociant.
Ch. BALSAN, à Châteauroux.
DE BARANOWSKI, Châteauroux.
BAUDET-DESPERRINS, propriétaire à Saint-Gaultier.
BEDU, sculpteur
DE BENGY-PUYVALLÉE.
A. DE BENGY-PUYVALLÉE.
G. DE BENGY-PUYVALLÉE.
Antoine DE BENGY-PUYVALLÉE.
P. DE BENGY.
BERTHON, coutelier.
DE BERVILLE, chevalier de Saint-Grégoire-le-Grand.
C. DE BOISMARMIN, docteur en médecine.
G. DE BOISMARMIN, ✽ ancien commandant.
Comte DE BOISSIEU.
G. DE BONNAULT.
Comte DE BONNEVAL, ✽ ancien colonel de cavalerie.
DE BOISGISSON.
A. BORGET, propriét. à Issoudun.
Comte DE BOURBON-LIGNIÈRES.
Comte DE BOSREDONT.

C. BOUTET, propriét. à Valençay.
BOUYONNET, Me d'hôtel.
DE BRETTES, ancien officier supér.
BRIÈRE, ancien magist., à Vesdun.
BRISSET, ancien menuisier.
Baron DE BRUGIÈRES, propriétaire à Saint-Benoît-du-Sault.
BUHOT DE KERSERS, président de la Société des Antiquaires du Centre.
E. BUSSIÈRE, imprimeur à Saint-Amand.
CAMILLAT, chaudronnier.
Vte R. DE CHALUS, au Carroy, près le Châtelet.
DE CHAMPGRAND.
CHAPELARD, à Saint-Amand.
CHABRUT, négociant.
CHARLET, peintre.
Vicomte DE CHATEAUBODEAU, propriétaire à Ineuil.
CHOLLET, ancien carrossier.
Ed. CHARLEMAGNE, à Châteauroux.
DE LA CHAUSSÉE, avocat.
Marquis DE CHAUMONT-QUITRY ✽, ancien capitaine d'Etat-Major.
Ab. CHÉNON.
Gilbert CHENU, à Sury-en-Vaux.
Ferdinand CHERTIER ✽, ancien magistrat, à Châteauroux.
Baron DE CHISEUIL.
DU COLOMBIER ✽, ancien officier de marine.
Edme CORBIN, ancien magistrat.

Cornu.

René de Couet, à Sens-Beaujeu.

M. Courcon, à Aubigny.

Crotté, à Aubigny.

Courtillas, menuisier.

Danière, Ingénieur civil à Saint-Amand.

David, à Aubigny.

Delagarde, ancien conseiller général de l'Indre.

Prosper Derbier, à Sury-en-Vaux.

Aug. Desgardes, conseiller général, à Saint-Gaultier.

Et. Desjobert, à Châteauroux.

François Dion, à Sury-en-Vaux.

Dufour, propriétaire à Lauroy.

Duhail ✾, ancien conseiller à la Cour.

G. Dusapt, à Aubigny.

R. de Fadate de Saint-Georges.

Fayet ✾ (o. i.), ancien inspecteur d'Académie à Châteauroux.

Foudrat, cultivateur à Vornay.

H. Fournier, ancien sénateur.

Vte de Fussy, ancien sous-préfet.

H. Gangneron.

Garban, notaire à Saint-Amand.

Geoffroy.

Germain, propriétaire à Saint-Chartier.

J.-L. Girard de Villesaison.

Léon Girard de Villesaison.

Paul Girard de Villesaison.

Gonnet.

Goudal, notaire à Saint-Amand.

de Goy.

de Grandmaison, docteur en médecine, à Mareuil.

Grenouillet.

P. Grenouillet, prop. à Pruniers.

H. de Grossouvre.

P. de Grossouvre.

Urbain Guérin, publiciste.

Marquis de la Guère.

Comte Olivier de la Guère,

Comte R. de la Guère.

Comte Alph. de la Guère.

Comte Henry de la Guère.

de la Guérenne.

Guignier, négociant.

Félix d'Haranguier ✾, ancien officier de marine.

Hémery de Lazenay, conseiller d'arrondissement du Cher.

Comte de l'Hermite.

Léon Jacquemet, château de l'Oizenotte, près Aubigny.

Louis Jacquemet, à Aubigny.

Jamet, à Saint-Eloy-de-Gy.

Comte de Jouffroy, château de Farges.

Jouslin, avocat.

G. Jouslin, conseiller général, à Argenton.

Senneville Jouslin, propriétaire à Châteauroux.

G. de Lafaire, de l'Indre.

Lafont, à Aubigny.

de Lafont ✾, ancien ingénieur en chef.

de Lamardière, agriculteur.

Comte de Lammerville, à Dun-sur-Auron.

Larivé, à Aubigny.

Vicomte Ch. de Laugardière, ancien conseiller à la coûr de Bourges.

M. de Laugardière, ancien magistrat.

Patient-Léger, à Sury-en-Vaux,

O. Lepetit, ✾, agriculteur à Saint-Amand.

de Lignac.

Abbé Lorain.

Luxore, doreur à Bourges.

Mac-Nab, propriétaire à Saint-Bouize.

Magnard du Vernay, à Châteauroux.

P. Maindrot, à Aubigny.

de Maisonfort, propriétaire agriculteur, à Poisieux.

Baron Yvan de Maistre.

G. Mallard, avocat, à Saint-Amand.

Pierre Mangeard, à Sury-en-Vaux.

Henri de Maransanges, à Vieille-Forêt, près le Châtelet.

Léonce Marchain, Président du Syndicat des Agriculteurs de l'Indre, château de la Lienne, près Châteauroux.

de Marcillac, ancien magistrat.

Marguerith-Dupré, imprimeur.

Ch. Marguerith-Dupré.

Comte de Marguerye, ancien Sous-Préfet.

V. Masquelier, prop. à Saint-Maur.

Alexandre Mellot, à Sury-en-Vaux.

des Méloizes o ✻, ancien conservateur des Forêts, Président de la Société de secours aux Blessés.

Alb. des Méloizes, Président du conseil particulier des Écoles libres de Bourges, chevalier de Saint-Grégoire-le-Grand.

Momiron, à Saint-Amand.

Monjoin (o. a.), professeur.

Comte de Montsaulnin, Conseiller général.

F. Moreau, à Bué.

Marquis de Mortemart.

Fernand Pascaud.

Pasdeloup.

Paszkiéwicz, Vice-Président de la société d'Agriculture.

Parnajon.

Docteur Patrigeon, à Chabris.

Baron Le Pelletier de Glatigny.

Louis Pissavy, avocat à Châteauroux.

P. de Place.

Perret du Cray.

J. Perrot-Guillon, propriétaire à Châteauroux.

Étienne Perroy, à Sury-en-Vaux.

Comte du Peyroux.

Pigelet, ancien imprimeur, chev. de Saint-Sylvestre.

Pirot, père.

P. Pirot.

de Pomyers, ancien officier de cavalerie.

Ponroy, ancien Sous-Préfet.

Porcher, Entrepreneur.

Vte de Poix, à Bénevent (Indre).

Protat, Négociant.

Henri Raimbault, à Sury-en-Vaux.

Louis Raimbault, à Sury-en-Vaux.

A. de Rancourt, à Ivoy-le-Pré.

H.-E. de Rancourt de Mimerant, à Barlieu.

Th. Regnauld, propriétaire agriculteur à Saint-Amand.

Riffaud, négociant.

Rigolet.

Duc de Rivière, ancien sénateur.

Robin-Massé, avocat à Saint-Amand.

O. Roger ✻, ancien magistrat.

Marquis de Rolland-Dalon.

Comte de la Romagère.

Rix-Motteau, à Aubigny.

Rouberol, tailleur à Bourges.

Rouède, ancien receveur d'enregistrement à Chatillon-s-Indre.

Charles Sallé, agriculteur.

Étienne Sallé, à Sury-en-Vaux.

de Saint-Sauveur, à Madrolles.

Vicomte de Saint-Sauveur, Président du Comice agricole de Vierzon, à Autry.

Alb. Servois, à Beffes.

G. Servois, à Beffes

R. de la Selle, à Châteauroux.

SIMONNET, banquier à Saint-Amand.
Alphonse SOMMIER, à Massay.
SIROP, sellier à Bourges.
TARDY, imprimeur.
Comte DE LA TEYSSONNIÉRE.
TRIBOUDET DE MAIMBRAY, à Blet.
TRIPAULT, libraire.
TOUBEAU DE MAISONNEUVE, propriétaire agriculteur.
VALLANCHON, à Saint-Amand.
Elie VATTAN, à Sury-en-Vaux.
Louis VATTAN, à Sury-en-Vaux
DE VERDELHAN DES MOLLES.
V. DU VERNE.

DE VERNEUIL, ancien magistrat, avocat.
Alb. HUARD DE VERNEUIL, à Châteauroux.
Marquis DE VEYNY.
Comte DE VEYNY.
Marquis DE VILLAINES, à Sainte-Sévère (Indre).
Comte de VILLEFRANCHE-BIGNY, ancien officier de marine, château d'Ainay-le-Vieil.
Baron DE VILLENEUVE, Conseiller général au Blanc.
VILLEPELET, banquier à Saint-Amand.

TABLE DES MATIÈRES

Introduction, par M. de LAFONT...................................... 3

Compte-rendu.. 6

Vœux : Religion... 19

    Famille et mœurs.. 19

    Assistance publique....................................... 20

    Instruction... 20

    Pouvoirs publics.. 21

    Armée... 22

    Justice... 23

    Finances.. 24

    Industrie, observations de M. BALSAN...................... 25

    Arts et Métiers... 29

    Commerce.. 30

    Agriculture... 31

PIÈCES ANNEXES

Rapport sur les vœux du Berry en 1789, par M. le vicomte Charles de LAUGARDIÈRE... 33

Rapport sur la religion, les mœurs et l'instruction, par M. C. de BOISMARMIN.. 47

Discours sur les pouvoirs publics et l'assistance publique, par M. E. CHARLEMAGNE.. 58

Rapport sur l'armée, M. de POMYERS.................................. 65

    — sur la justice, par M. O. ROGER.,....................... 70

    — sur les finances, par M. A. DESGARDES................... 76

    — sur les arts et métiers et le commerce, par M. E. PIGELET.. 77

    — sur l'agriculture, par M. L. MARCHAIN................... 87

Liste des membres adhérents.. 89

Bourges Imp. TARDY-PIGELET, 15 rue Joyeuse.

www.ingramcontent.com/pod-product-compliance
Lightning Source LLC
Chambersburg PA
CBHW071314030726
47594CB00002B/418